RÈGLEMENT SPÉCIAL

LA COMPTABILITÉ

DU MINISTÈRE

DES TRAVAUX PUBLICS.

PARIS.

IMPRIMERIE NATIONALE.

—

1849.

TABLE DES MATIÈRES.

Pages.

Rapport au Président de la République 5

Rapport sur la comptabilité des travaux publics 9

RÈGLEMENT SPÉCIAL.

TITRE Ier.

DISPOSITIONS GÉNÉRALES.

Exposé sommaire du système général de la comptabilité du ministère des travaux publics . . . 49

Mandatement, par les ingénieurs en chef, des dépenses du service des ponts et chaussées . . . 50

Approbation, par les préfets, de diverses dépenses 51

TITRE II:

SERVICE DES PONTS ET CHAUSSÉES.

COMPTABILITÉ DU CONDUCTEUR.

Journal ou carnet d'attachements 51

Livret de caisse pour les avances à un régisseur comptable 52

Feuille d'attachements des journées 53

Procès-verbal de réception des matériaux . . . . Ibid.

Feuille de repiquages . . . . Ibid.

Sommier 54

État des travaux en régie exécutés à la tâche . . . . Ibid.

Décompte des cantonniers . . . . Ibid.

Situations mensuelles . . . . Ibid.

Travaux d'entretien . . . . Ibid.

Travaux neufs et grosses réparations . . . . Ibid.

Métrés détaillés des travaux 55

Bordereau des pièces envoyées à l'ingénieur . . . . Ibid.

COMPTABILITÉ DE L'INGÉNIEUR ORDINAIRE.

Décompte des cantonniers 55

Rôle des journées d'ouvriers . . . . Ibid.

Livre de comptabilité . . . . Ibid.

État sommaire mensuel des dépenses 56

Procès-verbaux de réception provisoire et définitive . . . . Ibid.

Certificat pour payement à un entrepreneur 57

(4)

Pages.

Décompte des ouvrages exécutés et des dépenses faites............................ 57

Certificat pour payement à toute autre personne qu'un entrepreneur................ *Ibid.*

Bordereau des pièces remises au payeur pour justifier l'emploi d'une avance.......... *Ibid.*

État trimestriel des indemnités de terrain et des dépenses diverses réglées avec l'approbation du préfet.. *Ibid.*

Situation définitive des crédits et des dépenses au 31 décembre...................... 58

COMPTABILITÉ DE L'INGÉNIEUR EN CHEF.

Livre de comptabilité.. 58

Registre des comptes ouverts.. 59

Situation mensuelle sommaire des crédits et des dépenses.......................... *Ibid.*

État continuatif mensuel... 60

État du personnel... *Ibid.*

Forme des mandats et avis de leur délivrance...................................... *Ibid.*

Bordereau journalier des mandats émis.. *Ibid.*

Bordereau mensuel des mandats émis.. 61

État trimestriel des dépenses du personnel.. *Ibid.*

Agents soumis à la retenue... *Ibid.*

Agents non soumis à la retenue... *Ibid.*

Résumé de la situation, au 31 décembre, des dépenses dont l'ingénieur en chef rend personnellement compte.. 62

Situation définitive, au 31 décembre, des crédits et des dépenses.................... *Ibid.*

État final des dépenses, des ordonnances, des mandats, des payements et des créances restant à payer.. *Ibid.*

Tableau sommaire des mandats délivrés pour les entreprises durant plusieurs années....... 63

Projets de budget... *Ibid.*

Projets de sous-répartition... *Ibid.*

TITRE III.

SERVICE DES BÂTIMENTS CIVILS.

Journal ou carnet d'attachements.. 63

Sommier.. 64

État mensuel sommaire des dépenses.. 65

Décomptes des ouvrages exécutés et des dépenses faites............................ *Ibid.*

Situation mensuelle générale des dépenses faites................................... *Ibid.*

Compte détaillé en fin d'exercice.. *Ibid.*

TITRE IV.

COMPTABILITÉ DES PRÉFETS.

Bordereau mensuel résumant la situation de tous les services........................ 66

Circulaire d'envoi aux préfets.. 67

Circulaire d'envoi aux ingénieurs des ponts et chaussées........................... 71

Modèles pour le service des ponts et chaussées et pour la comptabilité des préfets.......... 83

RAPPORT

AU PRÉSIDENT DE LA RÉPUBLIQUE.

Paris, le 28 septembre 1849.

MONSIEUR LE PRÉSIDENT,

Une comptabilité simple, uniforme et précise est nécessaire à la bonne administration des fonds destinés à l'exécution des travaux publics.

Dans le service dont vous m'avez confié la direction, la justification des principales dépenses a pour base la constatation immédiate des travaux, et cette constatation, qui embrasse des détails nombreux et variés, est souvent entravée au milieu des chantiers par des difficultés matérielles.

L'administration des travaux publics a fait de louables efforts pour se conformer scrupuleusement aux prescriptions des lois de finances réunies en un véritable code dans l'ordonnance générale du 31 mai 1838. Un règlement spécial, promulgué le 16 septembre 1843, est en vigueur depuis cette époque. Cependant les comptes des derniers exercices ont été l'objet d'observations consignées dans les rapports des commissions législatives et de la cour des comptes.

J'ai dû rechercher les causes de l'incertitude des résultats obtenus par le mode actuel de la comptabilité des travaux publics.

Il m'a paru que les comptes individuels qui servent de base et de point de départ aux comptes généraux n'avaient pas été établis avec assez de soin. La régularité de ces derniers comptes ne serait cependant qu'apparente si elle ne reposait pas sur des écritures élémentaires tenues avec une scrupuleuse précision par les agents les plus rapprochés des travaux.

Cette opinion a été partagée par des hommes expérimentés, que j'ai réunis en commission et consultés sur les moyens de combler cette lacune du règlement de 1843 (1).

Ils ont exploré de la manière la plus approfondie les différentes sources où se puisent les renseignements qui sont transmis par les divers préposés de l'administration, depuis la base jusqu'au sommet de la hiérarchie.

Ces investigations m'ont conduit à reconnaître l'insuffisance des méthodes suivies jusqu'à ce jour dans les départements, pour constater sans retard, sans omission, et sur le lieu même de leur exécution, tous les faits du service qui engagent ma responsabilité.

J'ai, en conséquence, l'honneur de vous présenter un règlement dont l'exécution donnera des garanties d'exactitude qui, jusqu'à présent, n'existaient point dans la rédaction des comptes généraux.

En même temps, on s'est attaché à simplifier la comptabilité, en la dégageant des formalités qui n'ont pas été jugées indispensables. On a étendu les attributions comptables des ingénieurs et des préfets, dans le but d'abréger les détails du payement et de réserver l'action de l'administration centrale pour les affaires importantes.

Je vous prie de vouloir bien revêtir de votre approbation ce règlement nouveau, après avoir apprécié les motifs de ses dispositions, qui sont exposés dans le rapport de la commission.

Ce dernier travail ne doit pas être séparé du règlement, dont il fait connaître le but et la portée. C'est l'instruction la plus complète qui puisse être mise entre les mains des agents chargés de constater et de contrôler les dépenses des travaux publics.

Je signale à votre attention, Monsieur le Président, le concours

---

(1) Cette commission a été formée par un arrêté du 20 janvier 1849.

utile et zélé qui m'a été prêté par MM. les membres de la commission. C'est un nouveau service rendu à l'administration et au pays par MM. d'Audiffret, Victor Masson et Chenin, qui ont contribué à créer et à perfectionner le système de la comptabilité générale des finances.

Je suis avec respect,

MONSIEUR LE PRÉSIDENT,

Votre très-dévoué serviteur,

Le Ministre des travaux publics,

T. LACROSSE.

RAPPORT

SUR

LA COMPTABILITÉ DES TRAVAUX PUBLICS.

SOMMAIRE.

	Pages.
Exposition préliminaire	11

COMPTABILITÉ DES PONTS ET CHAUSSÉES.

Considérations générales	14
Comptabilité des conducteurs	18
Comptabilité de l'ingénieur ordinaire	26
Écritures	Ibid.
Comptes annuels	29
Autorisation trimestrielle de diverses dépenses	30
Comptabilité de l'ingénieur en chef	31
Écritures	32
Modification proposée dans la délivrance des mandats de payement	34
Examen et approbation du conseil général des ponts et chaussées	38

COMPTABILITÉ DES BÂTIMENTS CIVILS.

Anciennes formes	39
Nouvelles écritures	42
Centralisation et contrôle des résultats	44

COMPTABILITÉ CENTRALE DU MINISTÈRE

COMPTABILITÉ CENTRALE DU MINISTÈRE	45
Conclusion	47

RAPPORT

SUR

LA COMPTABILITÉ DES TRAVAUX PUBLICS.

Exposition préliminaire.

MONSIEUR LE MINISTRE,

En acceptant l'administration des travaux publics, après une révolution qui venait d'ébranler toutes les bases de l'ordre, vous avez voulu connaître avec exactitude la situation du service important dont vous preniez la responsabilité. Les lenteurs et les embarras que vous avez rencontrés, dès l'abord, dans l'apurement des opérations antérieures, dans l'établissement des comptes périodiques, dans la haute surveillance et le contrôle successif des faits exécutés, d'après vos directions, par des agents subordonnés qui consomment annuellement plus de 100 millions de crédits législatifs sur tous les points du territoire, vous ont révélé l'imperfection et l'insuffisance des formes actuelles de la comptabilité des ponts et chaussées et des bâtiments civils. Éclairé par les études de votre carrière administrative et parlementaire sur la nécessité, plus impérieuse que jamais, de répandre la lumière et de faire régner la règle et la méthode dans tous les détails d'un aussi grand département ministériel, pour en dominer l'ensemble et pour en maîtriser les mouvements, vous nous avez chargés de faire une révision approfondie des procédés analytiques et des écritures descriptives qui ont été adoptés jusqu'à ce jour, pour constater et pour suivre, dans tous ses degrés, l'exécution des nombreux services ressortissant à votre administration (1). Nous croyons avoir accompli cette

---

(1) Arrêté du 20 janvier 1849 :

LE MINISTRE DES TRAVAUX PUBLICS

ARRÊTE ce qui suit :

ART. 1ᵉʳ.

Il est formé près du ministère des travaux publics une commission chargée d'examiner l'état actuel de la comptabilité du ministère et de toutes les questions qui s'y rattachent, de proposer les

laborieuse mission dans toute son étendue, et nous devons vous présenter nos observations, ainsi que les vues d'amélioration qui nous ont été suggérées par l'examen et par la discussion des formules et des justifications défectueuses d'un mode de comptabilité reconnu incomplet.

Pour atteindre sûrement le but difficile qui nous était marqué par la prévoyance du Gouvernement, celui d'assurer l'exactitude, la clarté et la promptitude dans l'établissement des écritures qui retracent tous les pas de la marche des dépenses publiques, il ne suffisait point d'arrêter notre attention sur la tenue plus ou moins régulière des registres prescrits à l'administration centrale par les ordonnances des 14 septembre 1822 et 31 mai 1838, ni même de nous appliquer à revoir les modèles d'états de mois et d'années exigés, en vertu de ces dispositions générales, de chacun des préposés des départements, pour servir d'éléments au journal et au grand-livre du ministère; il fallait encore vérifier s'il existait, sur les lieux mêmes de l'accomplissement des travaux, dans les divers ateliers et pour tous les fonctionnaires chargés de créer les charges et d'en compter à l'ordonnateur responsable, un système d'écritures journalières dont le mécanisme simple et rapide pût saisir, au moment précis de leur existence, sans interruption, sans lacune et sans altération rétroactive, tous les droits acquis par les créanciers de l'État. Tel est le véritable point de départ de l'exploration que nous devions entreprendre, puisque c'était surtout de cette première source de la comptabilité administrative que devaient découler toutes les traditions de la vérité ou de l'erreur, de la régularité ou du désordre, depuis les résultats les plus élémentaires jusqu'à ceux des comptes généraux et définitifs.

Nous avons, en conséquence, interrogé sur ce point fondamental la division chargée de réunir et de coordonner les résultats partiels de tous les services pour en composer l'ensemble, et nous avons été

---

mesures propres à assurer la régularité des écritures, la distribution des fonds et le contrôle des résultats.

Art. 2.

La commission se fera remettre toutes les instructions et documents relatifs à la comptabilité; elle recueillera tous les renseignements nécessaires et pourra appeler dans son sein les chefs des divers services.

Art. 3.

Sont nommés membres de cette commission :

MM. D'AUDIFFRET, président de chambre à la cour des comptes;

V. MASSON, maître des requêtes au conseil d'état,

Et CHENIN, inspecteur des finances.

La commission se réunira sous la présidence de M. D'AUDIFFRET.

Paris, le 20 janvier 1849.

Signé T. LACROSSE.

surpris d'apprendre qu'elle avait été rendue, par une combinaison sys-
tématique, entièrement étrangère à l'organisation et à la direction des
formes suivies dans les comptabilités tributaires de son travail récapitulatif.

Nous avons regretté, dans cette circonstance, de ne trouver nulle part,
au milieu d'une si grande administration, l'autorité spéciale qui est
exclusivement chargée, dans quelques autres ministères, d'imposer le
joug d'un ordre analytique et uniforme à toutes les parties du service,
qui les rattache les unes aux autres par les liens de la méthode, et qui
leséclaire, par des instructions adressées aux divers agents d'exécution,
sur le véritable caractère et sur le but final de chacune des opérations
dont elle doit préparer sans cesse, de la base au sommet, les preuves
justificatives et l'application régulière aux différents chapitres du
budget. Privés, au début de la route que nous avions à parcourir, de
ce précieux point d'appui et de ce guide expérimenté que l'on devrait
toujours établir dans le centre même de chaque ministère, nous avons
dû réclamer le concours des ingénieurs, afin de connaître les formules
qu'ils s'étaient créées dans les départements pour le service des ponts
et chaussées, et recourir également aux fonctionnaires extérieurs des
bâtiments civils, pour vérifier les divers procédés adoptés dans cette
seconde partie des travaux publics.

Enfin, pour répondre autant que possible à l'intention de l'arrêté
du 20 janvier 1849, qui a créé notre commission, nous avons voulu
connaître d'abord les règlements et les instructions sur lesquels repose
la comptabilité actuelle; passant ensuite de la règle écrite à son application matérielle, nous avons exploré tous les faits du service, depuis
le travail des subordonnés inférieurs jusqu'au compte général que
le ministre doit publier chaque année. Ces rapprochements nous ont
conduits à pénétrer dans les plus minutieux détails, et n'ont pas permis qu'une irrégularité, une insuffisance ou une lacune échappassent
à nos investigations.

La *comptabilité administrative* des dépenses ne date, en France,
que de la loi du 25 mars 1817, et les principes n'en ont été
bien posés que dans l'ordonnance du 14 septembre 1822. Avant cette
époque, le Gouvernement ne désirait pas se manifester au dehors, et
ne s'était pas mis en mesure de rendre compte au public, ni à lui-
même, *du montant réel des dépenses faites.* C'était beaucoup alors, et tout
ce qu'on pouvait faire, d'établir *le compte des dépenses payées;* de là ces
réticences déplorables et tardivement révélées, qu'on nommait *arriérés,*
déficits, et enfin *déchéances.*

Le besoin général de publicité qui s'impose aux gouvernements représentatifs n'a pas permis longtemps qu'on s'arrêtât devant les ombrages et les obstacles qui avaient fait reculer les gouvernements antérieurs. Il a fallu que l'administration nouvelle *perfectionnât ses méthodes de comptabilité*, de manière à pouvoir *rendre compte de tous ses actes*, lorsqu'ils engageaient l'État envers des tiers.

De graves empêchements se sont présentés d'abord, non pas seulement dans les ministères où l'on se borne à recevoir et à payer des sommes d'argent, mais surtout dans ceux où l'État emploie des matières premières, dirige des constructions, passe des marchés, acquiert et consomme des denrées et des matériaux de toute espèce. Tels sont notamment le ministère de la marine, le ministère de la guerre et celui des travaux publics.

CHAPITRE Ier.

COMPTABILITÉ DES PONTS ET CHAUSSÉES.

___

CONSIDÉRATIONS GÉNÉRALES.

Nous commencerons notre examen par le plus important des deux grands services de ce dernier ministère, par celui qui embrasse toutes les voies de communication de la France. Nous avons reconnu, dès le début de notre tâche, qu'aujourd'hui encore on n'y a pas entièrement triomphé de la difficulté de tout écrire. Le travail des ponts et chaussées se complique d'opérations très-diverses, et qu'il est souvent plus facile d'effectuer matériellement que de traduire en chiffres.

Ce n'est pas que les prescriptions législatives et réglementaires aient manqué depuis trente ans à ce grand service; on y a imposé, comme ailleurs, à tous les agents, des *formes d'écritures* et des modèles d'états ou de tableaux au moyen desquels *ils devaient constater toutes les dépenses faites* et en rendre compte à l'administration supérieure. De louables efforts ont été faits, tant par cette administration que par plusieurs des préposés secondaires, pour atteindre ce double résultat; l'ordonnance générale du 31 mai 1838 en a facilité les moyens, en retraçant d'une manière très-explicite toutes les règles de la comptabilité des dépenses publiques. Plus tard, un règlement spécial a été rendu, sous la date du 16 septembre 1843, et enfin des circulaires ministérielles ont complété cet ensemble de préceptes, sans qu'aucune impossibilité de fond ni de forme ait été opposée à leur application.

Néanmoins, le 3 février 1848, un inspecteur divisionnaire en tournée adressa au ministre un rapport ayant pour titre : «Observations «sur la tenue des attachements qui servent de base *à la rédaction des* *états de dépenses.»*

Chaque art a ses termes techniques : dans la langue des ponts et chaussées, *l'attachement* est un acte journellement employé pour *constater les travaux faits* pour le compte de l'administration. On l'appelle ainsi, probablement, parce que son caractère essentiel est de lier deux intérêts réciproques, celui de l'entrepreneur qui a exécuté les travaux, et celui de l'État qui dès lors en doit le prix. Quoi qu'il en soit, lorsque *l'attachement* a été régulièrement formulé par le conducteur d'un chantier, et ensuite reconnu exact par l'entrepreneur, il devient un *acte synallagmatique*, dont l'importance est facile à concevoir, puisqu'il fixe des droits respectifs. L'administration ne saurait donc mettre trop de soin à ce que ces sortes d'actes soient faits dans les meilleures conditions possibles de *célérité, de précision, d'authenticité, d'exactitude* et même *d'uniformité.*

Malheureusement, le rapport du 3 février 1848 n'annonçait rien de semblable: on y dit textuellement que les ingénieurs en chef des départements *ne s'occupent pas de rechercher si les quantités portées en dépenses sont exactes;* que les ingénieurs ordinaires eux-mêmes ne demandent pas toujours aux conducteurs des *métrages complets et réguliers;* que souvent ces métrages sont rédigés par les conducteurs *d'après les notes du piqueur, qui sont ensuite anéanties.*

«J'ai trouvé dans des états de situation, ajoute l'auteur du rapport, «des quantités considérables de terrassements et de dragages *qui* «*n'étaient justifiées par aucun attachement.* Cette manière de procéder «pourrait donner lieu aux désordres les plus graves : toute quantité «qui n'est pas justifiée par un attachement ne peut être admise dans «les comptes.

«Dans le génie militaire, les attachements sont tenus avec une régu-«larité et un ordre parfaits. Aucun métrage n'est omis, et la vérifica-«tion d'un état est aussi facile après dix années que le jour où il a été «rédigé. Tous les attachements sont consignés sur des registres reliés.

«La même méthode pourrait évidemment être adoptée pour le ser-«vice des ponts et chaussées.»

Ce rapport excita si vivement la sollicitude du ministre, que, le 11 du même mois de février 1848, il institua une commission d'inspecteurs divisionnaires, à l'effet d'organiser, pour tous les services dépendants de son ministère, un *système uniforme d'attachements.*

Mais peu de temps après cette détermination survint la révolution du 24 février. Les changements politiques qui s'ensuivirent eurent naturellement pour effet de suspendre toutes les mesures qui n'avaient qu'un intérêt d'amélioration administrative : néanmoins il fut possible à la commission de se réunir quelques mois plus tard; le résultat de ses travaux a été consigné dans un rapport du 11 juillet 1848. On y démontre parfaitement l'irrégularité des moyens employés jusqu'alors pour *constater et pour décrire le montant réel des dépenses faites;* ensuite la commission propose, comme remède spécifique, *l'amélioration des attachements* sous tous leurs aspects.

Il sera très-utile, sans doute, d'exiger que les conducteurs dressent dorénavant ces actes avec plus de ponctualité; qu'ils les inscrivent, non plus sur des feuilles volantes, mais sur des carnets portatifs; que les faits inscrits sur ces carnets *soient liés entre eux* par l'enchaînement des dates, enfin qu'on imprime un *caractère obligatoire* à la tenue de ces carnets, et un *type uniforme* à leur rédaction (1).

Mais ces mesures particulières n'ont pas paru suffisantes pour réaliser l'amélioration fondamentale que veut atteindre l'arrêté du 20 janvier 1849. Il est indispensable, et heureusement il est possible, de faire beaucoup plus et beaucoup mieux.

Dès qu'une livraison a été reçue par un agent public, dès qu'une portion de travail, dont le prix *se mesure sur une quantité,* est accomplie pour le compte de l'État, il y a *dépense faite;* quand même le payement n'en serait pas effectué, il y a créance ouverte à des tiers contre le trésor.

Une comptabilité administrative n'est fidèle qu'autant *qu'elle constate tous les faits à mesure qu'ils se réalisent;* elle n'est rassurante qu'autant qu'elle inscrit ces faits sur un registre authentique et sans possibilité ultérieure d'y être changés; enfin elle n'est irrécusable qu'autant que chacun des faits enregistrés dans ses descriptions quotidiennes peut être justifié par des pièces probantes.

Toutefois, ce n'est pas encore assez de tant de conditions accomplies. Les faits de comptabilité, immatriculés ainsi dans un livre journal, et avec l'appui d'un corps de preuves, offriront assurément toutes les garanties d'évidence et de vérité désirables. Mais que peut-on conclure de l'exactitude arithmétique d'un nombre infini de faits

---

(1) On trouve dans le *Dictionnaire des Travaux publics,* publié en 1835 par M. Tarbé de Vauclairs, inspecteur général des ponts et chaussées, à l'article *Attachement,* la même pensée exprimée dans les termes suivants : « Il serait à désirer que les feuilles volantes d'attachement fussent remplacées par des carnets et registres, à l'instar de ceux du corps du génie. »

considérés isolément? Pour qu'ils se démontrent par eux-mêmes, il faut nécessairement qu'on puisse les envisager dans leurs *rapports respectifs,* dans leur enchaînement continu et dans leur ensemble complet. Tel est le but où l'on parvient en reportant ces mêmes faits, du livre primitif *où ils ont d'abord été juxtaposés,* au fur et à mesure de leur exécution, dans un autre livre où on les classe suivant leur nature. Ce second registre s'appelle grand-livre, en parties doubles, ou sommier, en partie simple.

Il importe de faire remarquer qu'il s'opère ici un *déplacement méthodique des faits;* ils passent d'un livre d'enregistrement purement chronologique dans les divisions d'un classement analytique, où la rectitude du jugement devient indispensable pour fixer l'ordre de matières servant de base à l'ouverture des comptes généraux.

Cette classification raisonnée des opérations, selon le caractère qui leur est propre, a été bien comprise et habilement exécutée par les administrations des finances et de la banque de France, ainsi que par les grands ou même les petits établissements du commerce et de l'industrie. Chaque fait qu'on lit *à sa date* sur le journal, on est sûr de le retrouver *au rang qui lui est assigné* dans les comptes du grand-livre, et surtout de l'y retrouver *pur de toute altération ou transformation* mensongère.

Mais, hors de ces méthodes, nous n'hésitons pas à le déclarer, le déplacement des chiffres produit la confusion. Au lieu d'être l'histoire des faits, le compte en apparence le mieux aligné peut n'être plus qu'une fiction; soit que certains fournisseurs tardent à émettre leurs mémoires, soit que les attachements qui constatent les travaux faits par une simple énonciation en laissent incomplète l'expression arithmétique, l'ingénieur chargé de dresser l'état mensuel de situation ne trouve pas, dans les documents qui lui sont transmis, des indications suffisantes; alors, et pour combler les vides des colonnes du tableau, il les remplit avec ses propres évaluations. Une fois entraîné en dehors de la route de la vérité, on s'en écarte pendant toute l'année. Nulle concordance utile de résultats ne peut plus s'établir entre les trois agents qui prennent part au service de la dépense, c'est-à-dire les hommes d'exécution qui opèrent, les supérieurs qui dirigent, et la comptabilité qui décrit.

Ces graves inconvénients nous ont paru exister, en effet, au ministère des travaux publics. Mais nous avons été heureux de trouver, en même temps, chez les fonctionnaires supérieurs de cette administration, le plus louable empressement à rechercher avec nous tous les moyens d'y mettre un terme. Les procès-verbaux de la commission attestent avec quel soin minutieux ces moyens ont été discutés. Comme ils seront nécessairement reproduits avec détail dans l'instruction particulière qui devra être adressée aux agents d'exécution, nous ne ferons mention, dans ce rapport, que des changements les plus essentiels. Toutes les modifications découlent, au surplus, d'une pensée unique, et que nous avons déjà exprimée; nous la résumons en ces termes : *Constater les faits primitifs* de la dépense, *le plus près possible de leur date* et du lieu *de leur réalisation;* les transmettre fidèlement de la base au sommet, sans autre changement *que de les classer* avec régularité *et de les totaliser* périodiquement.

COMPTABILITÉ DES CONDUCTEURS.

Dans l'administration des revenus publics, le premier préposé à la réalisation des recettes est toujours un *comptable,* qui a dû, au moyen d'un certain noviciat, être mis à portée d'établir, soit par l'application d'un tarif, soit par des décomptes spéciaux, *le droit de l'État* contre les redevables. Mais, dans l'administration des dépenses du budget, les préposés de l'ordre inférieur, bien que suffisamment pourvus de l'habileté requise pour constater un fait primitif de service exécuté, peuvent quelquefois ne pas réunir toutes les connaissances nécessaires *pour liquider le montant définitif des droits acquis contre l'État* à ses créanciers, c'est-à-dire aux fournisseurs et entrepreneurs.

C'était une première difficulté relativement aux conducteurs des ponts et chaussées; mais on est parvenu à la résoudre en subordonnant leurs calculs préalables à la révision ultérieure des ingénieurs d'arrondissement, et même, dans certains cas, à la sanction définitive de l'ingénieur en chef.

D'autres observations se sont encore produites devant la commission. Personne n'ignore que ce sont les conducteurs qui, par la force des choses, exercent l'action la plus immédiate sur l'exécution matérielle des travaux, et qui, par leur présence journalière sur les chantiers, sont le mieux à portée de *constater l'accomplissement plus ou moins régulier du service;* mais on aperçoit qu'il peut être embarrassant de surveiller les travaux à travers le mouvement des ateliers, et d'établir, à tête reposée, les calculs de la dépense faite.

Aggraver ainsi les attributions des conducteurs, nous a-t-on dit, ce sera s'exposer à plus d'un mécompte. Ce qu'on aura cru gagner pour l'ordre, en leur imposant de nouvelles écritures, on le perdra sur le temps qu'ils auraient pù passer dans les chantiers, où leur surveillance incessante est le premier besoin du service.

Ces objections étaient sérieuses, et elles ont été longuement discutées dans la commission; mais, après un débat approfondi, dans lequel on a cité plusieurs exemples des usages déjà pratiqués, nos craintes se sont entièrement dissipées. On nous a démontré que la surveillance active du conducteur sur les chantiers se conciliait très-bien avec quelques écritures d'ordre qu'il tenait déjà chez lui, d'une manière moins satisfaisante, dans ses heures de repos. Nous avons même accepté la supposition très-plausible qu'en prenant l'habitude de se rendre compte à lui-même plus exactement, il en deviendrait plus apte à surveiller les travaux, mais surtout que la participation plus régulière que prendrait le conducteur au travail administratif augmenterait son importance auprès des ouvriers et à ses propres yeux : double influence qui doit tourner à l'avantage de l'administration.

Voici donc dans quelle mesure et sous quelles garanties nous proposons de régler la participation des conducteurs des ponts et chaussées dans les opérations de comptabilité.

Chacun de ces agents sera muni d'un livre de forme portative pour le service actif, et d'une dimension plus grande pour le service sédentaire; ce livre recevra le titre de *Journal* ou *Carnet d'attachements;* il contiendra, sur la page de gauche, le libellé des opérations et leurs résultats en quantités et en deniers, et, en regard de chaque fait, sur la page de droite, les croquis, dessins, tracés graphiques et renseignements de toute nature qui fixent la mémoire sur les diverses circonstances du service; il remplacera ainsi, par un seul livre de poche ou par un registre élémentaire, une multitude de feuilles volantes sans liaison, sans ordre et sans exactitude. Déjà, dans quelques départements, et surtout dans celui de la Seine, l'usage des carnets avait été suggéré par les nécessités du service; mais, d'une part, cet usage n'était que facultatif et livré à des combinaisons multiformes; d'un autre côté, aucun des nombreux carnets qu'on avait essayés jusqu'alors ne pouvait répondre aux besoins mieux compris d'un *enchaînement méthodique* et d'une *authenticité* d'écritures qui dérivent de l'importance attachée désormais à *la constatation primitive* de la dépense *par les conducteurs.* Nous avons donc eu à déterminer, pour ainsi dire *a priori*, la contexture et la substance, le fond et la forme de ce journal unique et rudimentaire.

Il est bon d'ajouter incidemment que la tenue obligatoire d'un pareil livre devra s'étendre jusqu'aux piqueurs ou surveillants qui pourraient être placés à la tête d'un atelier, sous les ordres du conducteur.

Dans ce dernier cas, toutefois, ce préposé dirigeant devra reprendre sous sa responsabilité, et *rapporter sur son journal,* les écritures tenues par les piqueurs ses auxiliaires.

On ne doit pas s'arrêter ici aux formalités de détail qui ont été prévues pour que le journal ou carnet répondît sur tous les points à sa nouvelle destination; il suffira de dire que nous avons été puissamment secondés dans ce travail par l'expérience des ingénieurs des ponts et chaussées, et, de plus, qu'à dater du 1ᵉʳ juin 1849, M. l'ingénieur en chef de la Seine a fait expérimenter dans son département l'usage de ce journal ou carnet, la tenue de tous les autres livres et la rédaction des états dont l'adoption doit compléter l'application d'un régime nouveau pour les deux premiers degrés du service. Si cet essai faisait reconnaître la nécessité de quelques modifications, on pourrait les introduire au moment même de la mise en pratique générale et définitive de ces divers modèles.

Il importait que le livre que nous donnions pour base à toutes les énonciations ultérieures de la comptabilité ne pût être ni altéré, ni perdu. C'est dans cette vue qu'une instruction placée en tête du carnet statue que tous les exemplaires seront délivrés par l'ingénieur en chef aux ingénieurs ordinaires; que ceux-ci en paraferont les pages avant de les remettre aux conducteurs ou aux piqueurs; que ces agents ne devront jamais s'en dessaisir, si ce n'est pour les rendre à l'ingénieur, quand ils auront été remplis; enfin que cet ingénieur leur en remettra de nouveaux et conservera les anciens dans les archives de ses bureaux.

Nous avons cru devoir ajouter la dénomination de *Journal* à celle de *Carnet,* bien que la dernière seule fût usitée chez les conducteurs. Ils comprendront mieux que la tenue de ce livre est une *obligation quotidienne,* et son titre même leur apprendra que c'est un document de comptabilité qui les engage étroitement vis-à-vis de l'administration. L'instruction préliminaire porte d'ailleurs textuellement que « chaque « agent est responsable de toutes les indications qu'il consigne sur son « carnet. »

Une question délicate s'est présentée à cette occasion. On s'est demandé si l'importance qui sera donnée aux chiffres portés sur les journaux des conducteurs n'exposerait pas l'administration aux conséquences de toutes les omissions, méprises, négligences ou erreurs de ces agents secondaires, la responsabilité dont parle l'instruction n'ayant pas même pour appui la garantie d'un cautionnement.

Cette appréhension, bien approfondie, n'avait pas toute l'importance qu'elle semblait offrir au premier aspect. D'abord, il faut distinguer dans le service des ponts et chaussées deux catégories de travaux essentiellement différentes, les travaux à *l'entreprise* et les travaux *en régie*.

Pour les premiers, le marché ou l'adjudication qui déterminent le montant de la dépense ont été passés par d'autres agents que les conducteurs. Ceux-ci n'ont à intervenir que pour vérifier incessamment si chaque entrepreneur remplit avec exactitude les conditions qu'il a souscrites; ils constatent, pendant tout le cours des ouvrages, la qualité des matériaux employés, et seulement à de certains intervalles le degré d'avancement de ces mêmes travaux. Cette constatation des droits acquis sert, il est vrai, de règle *aux payements* des *à-compte*, et, sous ce rapport, les irrégularités des conducteurs pourraient mettre l'administration à découvert; mais, outre que celle-ci *retient toujours un dixième* pour sa garantie, jusqu'à ce que la totalité des travaux ait été terminée, le dernier à-compte n'est jamais payé *qu'après une réception définitive de l'ensemble* de l'entreprise par l'autorité supérieure. Enfin il doit toujours être dressé de cette réception un procès-verbal authentique, au bas duquel sont apposées les signatures du conducteur, de l'entrepreneur, d'un ingénieur ordinaire et de l'ingénieur en chef.

On voit par là qu'en ce qui concerne les travaux à l'entreprise, les mentions du journal ou carnet tenu par les conducteurs ne sauraient exposer l'administration à des mécomptes préjudiciables. D'ailleurs, et par surcroît de prévoyance, tant vis-à-vis d'eux que relativement aux prétentions d'un intérêt adverse, il a été inséré dans l'instruction préliminaire une clause ainsi conçue :

« Les dépenses qui figurent sur les carnets *ne sont portées en compte* « *qu'autant qu'elles sont ensuite admises* par les ingénieurs. *L'inscription* « *sur le carnet ne constitue pas titre pour les entrepreneurs.* »

Cette clause préservatrice est commune à tous les genres de dépenses, sans exception. Elle s'applique donc plus utilement encore *aux travaux en régie*, puisque, pour ceux-ci, le conducteur exerce sur le montant de la dépense une action plus directe que pour les travaux à l'entreprise.

Les événements extraordinaires dont nous avons été témoins depuis dix-huit mois n'ont pas toujours laissé au Gouvernement la possibilité de choisir les meilleurs procédés pour les grands travaux qu'il a dû faire exécuter d'urgence; soit que ces travaux aient été quelquefois d'une nature telle qu'il eût été impossible de les confier à des entrepreneurs, soit que les entrepreneurs n'eussent pas osé s'en charger, force a été de recourir fréquemment à l'expédient des *travaux en régie*. D'ailleurs, en temps ordinaire, ce mode d'action n'est pas tellement dénué de certains avantages qu'on ne dût quelquefois le préférer, dans l'intérêt même du trésor, aux travaux par entreprise. La régie, en effet, peut épargner à l'État les gains souvent trop considérables de tel ou tel entrepreneur; elle assure, dans certaines circonstances, une exécution plus consciencieuse, plus appropriée à l'urgence du travail; enfin elle permet aux ingénieurs de traiter directement avec des tâcherons : or ceux-ci, n'ajoutant pas à la juste rémunération de leur travail et de leurs fournitures les bénéfices aléatoires de la spéculation, offrent à l'État une véritable économie sur le prix total de revient.

Malheureusement, le procédé de la régie directe prive l'administration de l'incontestable avantage des allégements de prix qui peuvent résulter des adjudications au rabais. A part même ce préjudice, le trésor est obligé de se mettre beaucoup plus à découvert pour une régie que pour une entreprise. Il doit avancer des fonds au régisseur, afin que celui-ci puisse solder, chaque jour ou chaque semaine, toutes les dépenses courantes; autrement, il y aurait discrédit, renchérissement, interruption et désordre dans le service.

Les règlements limitent, il est vrai, à 20,000 francs chaque avance de fonds, et ils exigent que le chef d'une régie justifie au payeur du trésor, par des pièces régulières, l'emploi qu'il a fait de la dernière somme reçue avant de pouvoir en toucher une nouvelle.

Mais ces palliatifs ne font pas disparaître l'inconvénient de transformer en agent comptable un conducteur de travaux qui ne présente aucune garantie pécuniaire. Les dangers de cette gestion sans gage, outre qu'ils sont inquiétants pour l'État, le deviennent aussi pour le régisseur, qui est obligé de garder les fonds. Quelquefois il n'a d'autre abri qu'une auberge accessible à tout venant, ou une baraque construite exprès pour son usage au milieu même de son chantier.

Si, par un heureux hasard, les ateliers se trouvent peu éloignés de la résidence d'un ingénieur, les conducteurs le prient de garder leurs fonds. Alors s'établit chez ce fonctionnaire une sorte *de dépôt central d'espèces* pour les besoins de son arrondissement. Ainsi l'ingénieur, à son tour, *se transforme en un caissier*, et confond dans la même main les fonds de différentes régies qui existent dans son voisinage. Ce mode de service intervertit les rôles, déplace les responsabilités, et entrave la régularisation des comptes.

Ajoutons que le délai accordé au conducteur pour produire les pièces qui justifient l'emploi *d'une avance reçue* n'est que de trente jours. Si ce délai n'a pas été suffisant, le payeur est en droit de refuser les fonds pour une nouvelle avance. Alors le régisseur *se retire les mains vides*, et le service s'arrête faute d'argent.

Telle est la série d'embarras que présentent les travaux en régie, et spécialement *les avances de fonds* qui en sont la conséquence obligée : ils ont été blâmés par le trésor, par les ingénieurs et par la cour des comptes, chacun à son point de vue. Mais que devait-on faire contre des obstacles qui dérivent de la nature même des choses? Tout l'effort de la prévoyance ne peut tendre qu'à les atténuer. On a vu que, dans certains cas, les travaux par régie peuvent être avantageux à l'État, et que, dans d'autres circonstances, ce mode de service est le seul qui soit praticable. La commission n'avait donc pas la possibilité de trouver des remèdes pour chacun des inconvénients qui viennent d'être signalés. Elle se borne à recommander de n'employer le procédé de la régie que quand celui de l'adjudication sera évidemment préjudiciable ou impossible.

Au surplus, les avances de fonds deviendront désormais moins nécessaires pour les ingénieurs, moins compromettantes pour le trésor et moins embarrassantes pour les régisseurs, attendu que, pour tous, *une connaissance plus rapide des véritables besoins du service* résultera naturellement de la transmission hiérarchique des faits de comptabilité. La nomenclature seule des divers tableaux ou états que doit dresser chaque conducteur suffira pour faire comprendre jusqu'à quel point cette transmission successive des faits pourra être fréquente, complète et favorable à la bonne administration.

La commission a discuté un à un chacun des modèles dont il s'agit. Ils sont au nombre de treize,

SAVOIR :

N° 1. — Le Journal ou Carnet d'attachements.

N° 1 *bis*. — Le Carnet des *avances de fonds* reçues pour les travaux en régie, avec l'inscription des sommes de *la main même du payeur*.

N° 2. — La Feuille spéciale d'attachements pour les journées d'ouvriers employés en régie.

N° 3. — Le Procès-verbal de réception des matériaux dressé, comme nous l'avons dit, par un ingénieur, et accepté ou contredit explicitement par l'entrepreneur intéressé.

(24)

N° 4. — La Feuille particulière des repiquages (ce relevé
est nécessaire pour constater les frais de l'entretien des *routes pavées*).

N° 5. — Le Sommier du conducteur.

Ce registre présente le *classement méthodique des
faits de dépense*, qui sont portés sur le journal ou
carnet *dans un ordre purement chronologique* (1).

Le conducteur ouvre des comptes sur ce sommier à tous les articles de la sous-répartition
qui limitent le maximum de la dépense autorisée, et il y reporte successivement en regard
les dépenses qu'il a faites, d'après les inscriptions
de son journal ou carnet.

N° 6. — État des travaux exécutés en régie à la tâche.

C'est un détail nominatif des tâcherons et de
leurs travaux faits (sommairement enregistré
sur le journal ou carnet d'attachements).

N° 7. — Décompte des cantonniers.

C'est un relevé mensuel de ceux qui ont été
employés, indiquant leur prix de journée, la
somme due à chacun d'eux, et le total pour
chaque route.

Ces décomptes sont soumis à l'ingénieur, qui
réunit tous ceux de son arrondissement dans un
seul état n° 11.

N°ˢ 8, 8 *bis* et 9. — Trois États de situation mensuelle de tous les services confiés à la surveillance ou à la direction
des conducteurs, les deux premiers concernant
les travaux d'entretien, le troisième les travaux
neufs ou de grosses réparations (nous revien-
drons tout à l'heure sur ces états).

Annexe de 8, 8 *bis* et 9. — Métré partiel et détaillé des travaux faits sur
chaque portion de route déterminée.

Des états de cette forme doivent être joints à
chaque situation mensuelle, *comme preuve des*

---

(1) Voir plus loin, à propos des états 8 et 9, quelques observations qui sont également applicables au sommier n° 5.

résultats de métrage, qui n'y sont portés qu'en somme totale.

N° 10. — Bordereaux des pièces adressées à la fin de chaque mois par les conducteurs à l'ingénieur de leur arrondissement.

Comme ces pièces auront, dans le nouveau système, *un caractère de documents de comptabilité,* on a jugé nécessaire de les faire spécifier dans un bordereau récapitulatif, afin d'être mis sur la voie de réclamer celles dont la production serait omise.

Les différents tableaux ou états dont on vient de donner l'énumération ne font que suppléer, avec d'utiles modifications, d'autres états du même genre qui sont actuellement fournis, tous les mois, par chaque conducteur; on s'est contenté d'en améliorer les formules, de manière à composer un ensemble d'informations en quelque sorte solidaires, c'est-à-dire qui s'appuient les unes sur les autres. Il suit de cette nouvelle nomenclature raisonnée que la confection de ces états perfectionnés fera mieux comprendre aux conducteurs le but et la portée de leurs propres travaux, mais n'ajoutera pas une trop grande surcharge à l'ensemble des obligations qu'ils avaient précédemment à remplir.

Les états n°⁵ 8 et 9, sur lesquels nous nous sommes réservé quelques remarques particulières, reproduisent l'universalité des faits que le conducteur avait d'abord enregistrés, jour par jour, sur son journal ou carnet d'attachements; mais ils les reproduisent sous des classements envisagés au point de vue de la comptabilité ou de l'administration; ils décomposent ces faits par crédits ouverts, par catégories de dépenses, par travaux d'entretien et travaux neufs, par travaux à l'entreprise et travaux en régie; en définitive, ces états exigent que le conducteur, pour les bien dresser, se rapproche du rôle d'administrateur et de comptable. Ici reparaît encore l'objection déjà élevée sur l'insuffisance de l'instruction de quelques-uns de ces agents. Nous avons dit comment nos craintes à cet égard avaient cédé aux explications qui nous ont été données par des ingénieurs expérimentés. Ces explications se sont trouvées très-heureusement confirmées par un rapprochement qui a été fait plusieurs fois, sous les yeux de la commission, entre tous les modèles de registres, états et tableaux que devra dresser chaque conducteur. Les cadres et les titres des colonnes sur l'état mensuel sont autant de questions si clairement posées, que le conducteur peut y répondre sans nulle hésitation. On va plus loin : il y répondra vraisemblablement sans se tromper, ou du moins il sera bientôt averti qu'il se trompe *par quelque défaut de concordance entre les divers résultats;* en effet, les opérations classées dans les états n°s 8 et 9 seront déjà contenues, sous forme d'enregistrements quotidiens, sur le carnet d'attachements, et enfin seront contradictoirement développées par les détails portés sur les tableaux auxiliaires. En résumé, on doit conclure que cette tâche donnée au conducteur n'exigera pas plus de quelques heures par mois, lorsque plusieurs épreuves l'auront familiarisé avec l'emploi des modèles nouveaux. Certes, ce ne sera pas acheter trop chèrement l'immense avantage de pouvoir donner pour base à la comptabilité des dépenses *les faits primitifs et réels du service,* non plus évalués par des ingénieurs qui ne les connaissaient que tardivement et par des intermédiaires mal informés, mais constatés jour par jour, colligés, certifiés et classés par les agents mêmes qui ont effectué ou fait effectuer sous leurs yeux les travaux et les dépenses.

COMPTABILITÉ DE L'INGÉNIEUR ORDINAIRE.

Jusqu'ici les faits élémentaires du service n'ont encore été recueillis que par subdivisions locales et par les soins des conducteurs. Il s'agit maintenant de réunir ces informations de différentes sources dans une première centralisation : telle est la tâche des ingénieurs ordinaires. Ces agents sont d'autant plus capables de rassembler les matériaux dont se composera la description des dépenses faites sous leur direction, qu'ils ont dû donner préalablement aux conducteurs de leur circonscription les ordres et les instructions nécessaires pour l'exécution de tous les travaux. D'ailleurs, on a pu voir que les ingénieurs conservent toujours la haute main sur l'accomplissement régulier de tous les détails du service, et que plusieurs pièces de la comptabilité élémentaire ne sont valables qu'autant que l'exactitude en est attestée par leur signature apposée au bas de ces pièces.

Écritures.   La commission a réglé l'intervention des ingénieurs ordinaires dans tout ce qui concerne la comptabilité; en arrêtant la formule des tableaux qu'ils auront à dresser et des registres qu'ils devront tenir, la simple nomenclature de ces registres et des tableaux de développements suffira pour montrer que cette intervention, quoique rendue plus efficace, sera dorénavant très-simplifiée.

Les modèles ou formules sont au nombre de 10,

SAVOIR :

N° 11. — Décompte mensuel des sommes dues à tous les cantonniers de l'arrondissement.

C'est la reproduction totalisée des décomptes partiels n° 7, qui auront été adressés à l'ingénieur par tous les conducteurs sous ses ordres. Il certifie l'exactitude de ce relevé.

N° 12. — Rôle des journées d'ouvriers employés pour travaux en régie.

C'est aussi la reproduction totalisée des états partiels n° 2, qui auront été fournis par les conducteurs ; même remarque que pour le décompte n° 11.

N° 13. — Livre de comptabilité de l'ingénieur ordinaire.

Le modèle de ce registre a donné matière à de longs débats dans la commission : fallait-il le considérer *comme un journal*, c'est-à-dire comme le récit quotidien des faits de sa gestion ? Mais, si on examine bien la nature des fonctions qu'exerce l'ingénieur, on voit qu'elles consistent à surveiller et à diriger, plutôt qu'à opérer lui-même. Il ne doit donc pas avoir des renseignements journaliers à consigner sur son livre de comptabilité.

La commission en a conclu *que ce ne serait pas un journal*. Tous les faits du service devront nécessairement y être mentionnés ; mais ils le seront d'après les renseignements qui auront été fournis à des époques déterminées par les différents conducteurs. Ce sera donc un sommier ou *livre de classement méthodique*, où viendront se grouper, non-seulement par ordre de dates, mais surtout *par ordre de matières*, tous les documents que l'ingénieur aura reçus pendant la période d'un mois (1).

N° 14. — État sommaire des dépenses à la fin de chaque mois.

Nous avons pris soin de faire concorder la contexture de ce tableau avec celle du modèle n° 13, afin que l'état mensuel ne fût qu'un *relevé des additions du livre de comptabilité*.

---

(1) On ne peut développer ici tout ce qui a motivé les nouvelles formes adoptées pour la tenue de ce registre ; mais les procès-verbaux des séances de la commission sont annexés à ce rapport, et on pourra y puiser tout ce qu'il sera nécessaire de reproduire dans les instructions administratives.

Nº 15 — Procès-verbal de réception provisoire des travaux exécutés par tel ou tel entrepreneur, conformément à son devis.

Nº 15 *bis.* — Procès-verbal de réception définitive.

Nº 16. — Certificat de ce qui peut être payé à chaque entrepreneur, selon l'état d'avancement de ses travaux.

Nº 16 *bis.* — Décompte des ouvrages exécutés et de la situation des fonds, pour être annexé aux deux états qui précèdent.

Nº 17. — Certificat de ce qui peut être payé à toute autre personne qu'un entrepreneur. (Il faut au bas l'approbation de l'ingénieur en chef.)

Ces cinq modèles s'expliquent par leur titre, et ne doivent donner lieu à aucune observation.

Nº 18. — Bordereau des pièces remises au payeur *pour justifier l'emploi des avances reçues* par un régisseur comptable.

C'est ici le lieu de rappeler ce qui a été dit plus haut sur les difficultés que présentent les travaux en régie. La formule du bordereau nº 18 a été soigneusement étudiée, dans le but d'atténuer autant que possible les inconvénients de ce mode de service.

Nº 19. — État trimestriel des indemnités de terrains et des dépenses diverses, qui auront été réglées avec l'approbation du préfet dans une forme nouvelle.

Nº 20. — Situation définitive des crédits ouverts à chaque ingénieur et des dépenses qui ont été faites dans sa circonscription à l'époque du 31 décembre.

Comme les états nᵒˢ 19 et 20 sont l'expression de plusieurs changements qu'il s'agit d'introduire dans la comptabilité administrative, on s'abstient ici d'observations particulières sur ces deux états; mais on se réserve de traiter à part et avec détail les questions auxquelles ils se rapportent.

Remontons d'abord à une question incidente qui a été soulevée et résolue à propos du livre de comptabilité nº 13, que devra tenir l'ingénieur ordinaire. Celui-ci fait quelquefois, par lui-même, certaines dépenses autorisées, et l'on a demandé, à ce sujet, s'il ne devrait pas tenir un journal de ses propres opérations. Nous ne l'avons pas cru, et voici nos motifs : Placé entre l'ingénieur en chef et les conducteurs, l'ingénieur ordinaire ne fait que diriger ceux-ci dans l'accomplissement de leur service; les comptes qu'il reçoit d'eux, il les transmet à l'ingénieur en chef; son rôle est donc celui d'un *intermédiaire,* et non celui d'un agent direct de la dépense. Il serait regrettable de lui donner un caractère mixte, en considération de quelques cas exceptionnels. Nous avons pensé que, pour ces faits, d'ailleurs assez rares, il pourrait préposer celui des conducteurs qui est le plus à sa portée, et lui faire consigner sur son carnet d'attachements toutes les dépenses de l'espèce. Par cet expédient, on rentre dans l'uniformité de la règle, qui veut que tous les faits de dépenses *partent du dernier degré de l'échelle administrative*, pour remonter ensuite jusqu'au sommet par des transmissions hiérarchiques, graduellement centralisées.

Jusqu'ici l'ingénieur ordinaire avait à rendre un compte annuel de toutes les dépenses qui avaient été faites sous sa direction, et ce compte formait ordinairement plusieurs gros volumes du format atlas, contenant des renseignements circonstanciés et des chiffres détaillés par entreprise ou par régie. *Comptes annuels.*

Ce travail, qui reproduisait, avec leurs développements les plus minutieux, chacun des actes effectués par tous les préposés des ponts et chaussées, était une transcription textuelle, sous une nouvelle forme, de tout ce qui avait été écrit dans le cours de l'année sur les documents divers et épars de la comptabilité précédente. Il ne fallait pas moins d'un labeur extraordinaire et forcé de trois ou quatre mois, qui détournait les ingénieurs des chantiers, et obligeait les employés de leurs bureaux à recommencer, par des résumés analytiques, toutes les descriptions partielles consignées dans le cours de l'année sur les feuilles multipliées et détachées qui avaient disséminé jusqu'alors les nombreux résultats de ces grands comptes annuels. Ce mode, compliqué de doubles écritures, suffirait seul pour démontrer l'impuissance du système antérieur, qui condamnait toute l'administration à refaire des enregistrements successifs trop mal établis sur les lieux pour avoir tenu constamment à jour la situation des services, et pour permettre de la reproduire facilement, à la fin de l'année, d'une manière complète et instantanée, par la simple totalisation des comptes ouverts au sommier ou grand-livre des ingénieurs. Telle sera, nous n'en doutons pas, la conséquence du nouveau régime proposé, que les registres des divers agents d'exécution présenteront un compte tout fait et tout démontré, pour chaque journée, pour chaque mois, pour chaque année, et que les volumes, dont la rédaction dérobe au service actif une si grande partie du temps et des soins des préposés extérieurs, seront avantageusement remplacés par des états de quelques pages ayant toujours pour base et pour preuves les livres de la comptabilité courante, et les justifications spéciales qui les appuient. De telle sorte, enfin, qu'il sera facile, par suite de l'enchaînement continuel des écritures, des pièces et des états périodiques, de reviser annuellement tous les faits du service, jusque dans leurs moindres détails, sans les remanier une seconde fois et sans les recopier, les uns après les autres, dans un compte final, qui ne doit en présenter que l'expression la plus concise et la plus générale.

Au surplus, avant de proposer la suppression de cette lourde tâche, accumulée à la fin de chaque année, nous avons dû nous enquérir de l'usage qui avait été fait, jusqu'à ce jour, de ces trois laborieux documents destinés à retracer séparément les opérations relatives, 1° aux travaux d'entretien, 2° aux travaux neufs et de grosses réparations, 3° au service départemental. Les recherches que nous avons faites à ce sujet, soit auprès du ministère de l'intérieur, soit auprès des préfectures, soit au ministère des travaux publics, nous ont appris que les comptes relatifs aux travaux d'entretien et au service départemental n'étaient presque jamais consultés, ni par les conseils généraux, ni par les commissions créées en vertu de l'ordonnance du 10 mai 1829, ni enfin par les bureaux de l'intérieur, et qu'ils demeuraient ordinairement déposés, *sous l'enveloppe de leur envoi*, dans les archives publiques; enfin que le volume relatif aux travaux neufs et aux grosses réparations était revu, dans quelques-uns de ses articles, par un vérificateur de la comptabilité des ponts et chaussées.

Après avoir pris l'avis du directeur de la comptabilité du ministère de l'intérieur et celui du directeur de la comptabilité des travaux publics, nous avons arrêté, de concert avec eux, la simplification de ces trois modèles, et la forme considérablement réduite qu'il a paru utile de leur donner.

Cette étude approfondie des superfluités introduites dans la formation des comptes annuels nous a conduits à remarquer qu'une correspondance très-active était stérilement entretenue, par les ingénieurs, les préfets et l'administration des ponts et chaussées, sur une multitude d'articles de dépenses de matériel et de personnel qui n'avaient aucune importance, et qui exigeaient, pour de très-faibles sommes, des rapports détaillés, des demandes d'autorisation et des approbations directes du ministère. Nous avons pensé qu'il convenait de déléguer aux préfets le soin d'autoriser immédiatement une partie de ces frais accidentels, sauf à faire régulariser leurs décisions par des états trimestriels contenant ces menues dépenses, et qui seraient, seulement tous les trois mois, transmis au ministre responsable. Cette forme de liquidation, plus simple et plus rapide, a été adoptée après une longue discussion, à laquelle ont pris part les principaux chefs du ministère, et il a été décidé qu'elle serait appliquée aux divers articles dont la nomenclature est jointe au présent rapport. Cette mesure d'ordre permettra d'exercer un contrôle plus sûr et plus prompt sur ces emplois exceptionnels de fonds, de ne plus en retarder l'exécution par des lenteurs inutiles, et de ne plus en compliquer la vérification en la confondant avec celle des comptes annuels. C'est pour assurer la régularité de tous les détails de cette simplification du service, que nous avons prescrit aux ingénieurs la formation de l'état n° 19 précédemment relaté.

COMPTABILITÉ DE L'INGÉNIEUR EN CHEF.

L'ingénieur en chef commande et surveille, mais ne crée personnellement aucune œuvre matérielle, si ce n'est par les conseils de son intelligence et par la puissance de sa volonté; il est l'âme du travail dont la direction lui est attribuée, il donne la vie au service et imprime seul le mouvement à tous ses agents d'exécution. Représentant direct du ministère dont il reçoit et fait appliquer la pensée, il assume toute la responsabilité de la gestion des subordonnés auxquels ils délègue les travaux matériels ou administratifs de sa circonscription. Sa comptabilité doit donc embrasser l'universalité des opérations consommées et personnifier en son nom chacun des actes émanés de son initiative. Tous les ordres partent de lui, s'accomplissent sous son contrôle, se soumettent à sa sanction, et retournent à leur source par la centralisation des résultats et de leurs pièces justificatives, chez ce chef supérieur, qui les communique à la préfecture, pour être transmis au ministère. Il forme ainsi, sur le théâtre même de l'action, le dernier et le principal anneau de cette chaîne d'écritures et de preuves qui commence au premier degré des préposés inférieurs, pour remonter de grade en grade jusqu'à l'autorité la plus élevée dans la hiérarchie administrative.

Les faits journaliers étant successivement consignés sous ses yeux dans les livres élémentaires des conducteurs, et déjà résumés par mois, avec sa coopération, dans ceux des ingénieurs ordinaires, dont les développements demeurent toujours à sa disposition, il ne lui reste plus qu'à récapituler les états mensuels de ces derniers dans un sommier ou livre de comptabilité. Ce livre expose toute la situation de son service, et sert de base aux comptes qui sont périodiquement adressés au ministre par l'entremise des préfets.

Les écritures de l'ingénieur en chef se résument en deux registres : le premier, sous le titre générique de livre de comptabilité, rapproche les actes consommés par ses subordonnés des crédits spéciaux ouverts aux chapitres du budget, en suivant toutes les phases de la dépense autorisée, liquidée, ordonnancée, mandatée et soldée depuis l'autorisation législative jusqu'au payement définitif; le second ouvre un compte à chaque entreprise et en suit l'exécution dans tous ses degrés, depuis l'adjudication publique jusqu'à l'entier accomplissement des clauses et conditions qui y ont été stipulées entre l'État et les parties.

Ces deux registres sont compris dans la nomenclature générale des modèles arrêtés par la commission sous les nᵒˢ 21, 22 et 22 *bis;* les documents qui les suivent ne sont plus que des états extraits de leurs inscriptions successives et méthodiquement classées, pour éclairer à toutes les époques l'administration locale ou le ministère sur la marche et la situation des différentes parties du service,

SAVOIR :

Nᵒ 23. — Situation mensuelle et sommaire des crédits et des dépenses.

> Cette pièce, destinée à l'administration supérieure, présente les opérations de tous les ingénieurs avec les divisions du budget, et indique, par aperçu, les dépenses à faire.

Nᵒ 24. — État continuatif mensuel.

> Ce second état est dressé seulement après l'expiration de l'année courante, pour y recueillir les opérations complémentaires de chaque exercice exécutées dans les premiers mois de l'année suivante.

Nᵒ 25. — État du personnel.

Nᵒ 26. — Mandat de payement.

Nᵒ 27. — Bulletin de délivrance des mandats.

Nᵒ 28. — Bordereau journalier des mandats émis.

> Ce bordereau doit être remis au payeur, à la fin de chaque journée, par l'ingénieur en chef devenu *sous-délégataire* des ordonnances de délégation délivrées au nom du préfet. Nous expliquerons ultérieurement les motifs de cette importante modification proposée dans les formes actuelles du mandatement local des dépenses.

N° 29. — Bordereau mensuel des mandats émis.

Ce bordereau sera remis, à la fin de chaque mois, au préfet, pour lui rendre compte de l'usage que l'ingénieur en chef a fait des crédits de délégation qui lui ont été sous-délégués; nous réitérons ici la réserve des explications annoncées à l'article précédent.

N° 30. — États des émoluments et frais des agents soumis à la retenue de la caisse des retraites.

N° 30 *bis*. — Mêmes états pour les agents non soumis à la retenue.

Ces deux documents, nécessaires à l'administration centrale pour assurer l'exactitude de ses décomptes de services personnels, seront accompagnés des états trimestriels dressés sous le n° 19 par les ingénieurs ordinaires, pour les indemnités de terrains et les dépenses diverses dont l'approbation doit être déléguée au préfet.

N° 31. — Résumé de la situation, au 31 décembre, des dépenses dont l'ingénieur en chef rend un compte personnel.

Ce tableau récapitule les opérations qui ont été exceptionnellement exécutées sous la direction immédiate de l'ingénieur en chef.

N° 32. — Situation définitive des crédits et des dépenses au 31 décembre.

N° 33. — État final des dépenses, des ordonnances, des mandats de payement et des restes à payer au 31 décembre.

Ces deux comptes définitifs complètent la série des tributs de résultats que l'ingénieur en chef doit au ministère pour lui démontrer tous les faits accomplis dans la circonscription de son service pendant le cours de chaque exercice.

N° 34. — Tableau sommaire des mandats délivrés pendant l'année sur les entreprises en cours d'exécution.

Ce dernier renseignement est produit au payeur du trésor, qui le transmet à la cour des comptes, pour faciliter le contrôle, sur les ouvrages de long cours, de l'accomplissement régulier de toutes les obligations imposées à chaque entrepreneur jusqu'à l'achèvement des travaux.

A. — Projet de budget des dépenses de chaque exercice.

B. — Projet de sous-répartition des fonds du budget.

Ces deux modèles, consacrés par un long usage, n'ont éprouvé que de légères modifications, qui ont eu pour but d'en rendre la rédaction plus claire et plus facile; ils contiennent les propositions faites au commencement de chaque année, par le préfet et par l'ingénieur en chef, pour la répartition des ressources du budget local.

N° 35. — Situation au dernier jour du mois.

Cet état récapitulatif des ordonnances et des mandats, arrêté à la fin de chaque mois par le préfet et transmis au ministère, se rattache, par une comparaison sommaire établie dans sa nouvelle rédaction, aux résultats contenus dans l'état n° 23 produit par l'ingénieur en chef.

Modification proposée dans la délivrance des mandats de payement.

L'administration des ponts et chaussées est, de tous les services publics, celui qui réclame du trésor les avances de fonds les plus fréquentes et les plus considérables; il est le seul qui emprunte habituellement des secours pécuniaires plus ou moins importants à ses régisseurs ou à ses entrepreneurs, et qui ait officiellement stipulé les conditions de ces prêts facultatifs dans les clauses du cahier des charges arrêté par le ministre. Ce grand service se crée ainsi des ressources indépendantes des deniers de l'État par l'entremise de ses ingénieurs, souvent même au delà des délégations ministérielles, et quelquefois aussi avant l'autorisation législative. Ces stipulations abusives, dont l'emploi avait été expressément interdit à tous les ordonnateurs par l'article 41 du règlement général du 31 mai 1838, se sont maintenues néanmoins, par la puissance des habitudes, pour l'exécution de la plupart des travaux publics, et ont été tolérées jusqu'à présent en vertu d'une disposition exceptionnelle introduite dans le règlement de ce ministère, en date du 16 septembre 1843, article 40.

La ponctualité de l'acquittement des dépenses de toute nature semble cependant bien assurée par le concours de toutes les caisses publiques sur tous les points du territoire; aucune gêne, aucun retard ne saurait entraver ni suspendre le payement local des ordonnateurs par les payeurs du trésor ou par leurs délégués.

Quelles que soient les difficultés spéciales inhérentes aux constructions de toute nature, répandues sur la surface de la France et sur des points plus ou moins éloignés des préposés des finances, quelles que puissent être aussi les exigences de l'imprévu ou l'urgence extraordinaire des ouvrages commandés inopinément par la force majeure, nous avons dû vérifier s'il n'existerait pas, en dehors de ces particularités du service des ponts et chaussées, que l'on rencontre également dans les opérations des autres ministères, une cause permanente d'embarras qui entraînerait forcément l'administration des travaux publics dans la voie dangereuse de ces emprunts irréguliers.

Les recherches que nous avons poursuivies dans tous les détails de cet important service, les questions que nous avons posées à ses divers agents de Paris et des départements, nous ont amenés à reconnaître que le mode suivi pour mettre les fonds du trésor à la disposition des ingénieurs liquidateurs des dépenses des ponts et chaussées n'était ni aussi simple, ni aussi rapide, ni aussi sûr que celui qui est pratiqué par les liquidateurs des deux administrations de la guerre et de la marine, services dont l'importance et les difficultés d'exécution peuvent être assimilées, en tous points, à celles des travaux publics. Dans ces deux derniers départements ministériels, en effet, les intendants militaires des divisions, les directeurs du génie et de l'artillerie, et les commissaires des ports, sont autorisés, par la délégation directe de leur ministre, *à délivrer eux-mêmes leurs mandats* sur les payeurs du trésor, afin de solder immédiatement les diverses créances régulièrement constatées. Toutes les précautions sont prises à l'avance, tous les moyens sont employés en temps utile, par ces sous-ordonnateurs locaux, pour que chacun de leurs mandats soit soldé, sans délai comme sans déplacement de la partie prenante, avec les seuls fonds de l'État ; tandis que les ingénieurs en chef, après avoir reconnu et fixé les droits acquis et devenus exigibles, ne peuvent agir que par la forme, beaucoup plus lente et bien plus incertaine, d'une instance auprès des bureaux du préfet, seul délégataire des crédits ministériels, pour obtenir péniblement la délivrance, plus ou moins ralentie, des mandats de payement. Ces retards indisposent toujours et à bon droit les créanciers, impatients de recevoir le prix de leurs services, de leurs ouvrages ou de leurs fournitures.

Telle est la situation fausse et compliquée qui paralyse aujourd'hui l'action et qui compromet le crédit des ponts et chaussées ; elle oblige les ingénieurs à suppléer aux voies et moyens du Gouvernement par l'assistance onéreuse de l'intérêt privé ; elle les conduit enfin à rétribuer les services par l'expédient ruineux de deux spéculations coalisées contre le trésor, celle de l'entrepreneur et celle du bailleur de fonds.

Un semblable régime d'ordonnancement met en opposition et en lutte continuelles, par ses lenteurs et par ses entraves, le prompt accomplissement et le succès des travaux, l'amour-propre contrarié de celui qui les dirige, la scrupuleuse fidélité aux engagements pris vis-à-vis des tiers, avec le respect des règles générales de l'ordre et de l'économie. Il était donc inévitable que l'intérêt pressant du service et l'honneur même de ceux qui en répondent l'emportassent définitivement sur l'observation des principes rigoureux d'une comptabilité tardive et embarrassée, surtout lorsqu'une circonstance critique, aggravée des délais apportés par l'inertie des bureaux à la solde des ouvriers, expose les ingénieurs à une dépendance de la préfecture qui devient intolérable et quelquefois même périlleuse.

Il est désormais indispensable de détendre les liens qui rattachent trop étroitement l'action de ces principaux chefs des ponts et chaussées au bon ou au mauvais vouloir, à l'activité ou à la négligence d'employés qui sont étrangers à leurs travaux. Ceux-ci, en effet, sont habituellement surchargés de détails qui, en absorbant leur temps pour d'autres soins, ne leur permettent pas toujours de préparer et de faire signer en temps utile les mandats sollicités par les besoins les plus pressants.

Cette réforme trop longtemps différée aurait dû être faite à l'époque où l'on a distrait le service des travaux publics de l'ancien ministère de l'intérieur. On aurait pu croire que la responsabilité de l'ordonnateur de ce nouveau département ministériel l'autorisait à déléguer directement sa signature aux ingénieurs en chef, qui sont les premiers mandataires de l'emploi de ses crédits et de l'acquittement de ses dépenses. Toutefois, la commission a pensé que c'était avec raison que l'on avait conservé, même pour cette portion détachée des attributions précédentes de l'intérieur, l'unité de l'administration de chaque département, et qu'il serait prudent de respecter encore ce principe de centralisation locale de la comptabilité, en rendant toute la liberté nécessaire aux ingénieurs pour la bonne exécution de leur service et pour le maintien des règles de l'ordre, de l'économie et du crédit public. Déjà la nature spéciale de la délégation de ces fonds du budget et la force inévitable des choses ont conduit, dans quelques départements, pour leurs convenances réciproques, les bureaux des préfectures à réclamer le concours personnel des ingénieurs en chef dans la rédaction des mandats, et à ne se réserver que leur présentation pure et simple à la signature des préfets, demeurés seuls titulaires des ordonnances de délégation.

Cette pratique récente, fréquemment inspirée par des besoins mutuels, n'éprouverait à l'avenir qu'une très-légère modification pour approprier entièrement les formes actuelles de l'ordonnancement aux nécessités du service et aux positions respectives des divers administrateurs dont le concours doit assurer l'application facile et rapide des ressources disponibles aux créances échues. Il suffirait, pour atteindre ce double but, que chaque ordonnance ministérielle de délégation fût immédiatement sous-déléguée à chaque ingénieur en chef; ce serait alors ce dernier qui délivrerait à l'avenir tous les mandats de payement, au fur et à mesure de l'avancement des travaux, d'après les propositions motivées des ingénieurs ordinaires, et en les soutenant de décomptes de liquidation et de certificats pour payement dressés en quantités et en deniers, afin de justifier régulièrement à l'administration et au payeur les droits réels de la partie prenante. A la fin de chaque mois, ce nouveau cessionnaire des crédits remettrait à la préfecture le bordereau de leur emploi successif en ses mandats; par ce moyen, le préfet resterait l'ordonnateur secondaire de la dépense, il en accepterait les actes dans ses écritures, et il continuerait à compter de leurs résultats au ministre responsable.

Rien ne serait donc dérangé dans la marche actuelle du service; chacun y conserverait le rang qu'il occupe, le rôle qu'il peut y remplir et le but qu'il doit atteindre; mais la route serait aplanie pour tous, plus courte à parcourir pour chaque fonctionnaire, et mieux affermie sous les pas de ceux qui s'y trouvent à présent mal engagés et sans avoir une issue pour en bien sortir. Au surplus, cette solution favorable à tous les vœux et à tous les intérêts nous était naturellement indiquée par une combinaison analogue, qui se pratique depuis longtemps chez les intendants militaires, titulaires directs des délégations du ministre de la guerre. Ces intendants transfèrent le mandatement des dépenses à leurs sous-intendants répartis sur les différents points de chaque division, afin d'accélérer le payement local des divers services. Nous nous sommes encore appuyés sur l'exemple que vient de nous donner le ministre de l'intérieur, en prescrivant aux préfets de sous-déléguer aux sous-intendants militaires de leurs départements les ordonnances de délégation délivrées pour les dépenses de la garde nationale mobile.

Enfin, pour ne laisser aucun doute sur la facilité et sur l'utilité de cette réforme dans l'attribution de la délivrance des mandats de payement, nous avons interrogé les divers chefs du ministère des travaux publics et fait un appel à l'expérience du directeur de la comptabilité du département de l'intérieur. Il est résulté de leur discussion approfondie avec la commission que, dans ces deux administrations centrales, les esprits les plus éclairés ne considèrent pas la forme proposée comme une innovation hasardeuse, puisqu'elle ne fait que propager des procédés déjà adoptés avec succès par le ministre de l'intérieur ou par l'initiative spontanée des préfets. On s'est accordé à reconnaître que ce nouveau mandatement des dépenses serait plus régulièrement exécuté, plus sévèrement contrôlé et mieux garanti contre toute chance d'incurie ou d'abus, par la vigilance continue et clairvoyante du fonctionnaire le plus élevé de l'administration extérieure des ponts et chaussées, que par le coup d'œil évidemment superficiel et distrait d'un préfet mobile et presque toujours accablé d'occupations urgentes et multipliées.

Mais, en accordant ces facilités indispensables à la prompte répartition des ressources entre les créanciers de l'État, ainsi qu'à la ponctuelle exécution des services confiés aux ingénieurs des ponts et chaussées, la commission insiste pour qu'elles amènent, par une conséquence non moins favorable à l'économie et au bon ordre, la suppression des avances de fonds des entrepreneurs et des régisseurs de travaux; elle sollicite, à cet effet, l'abrogation de l'article du règlement spécial du ministère qui autorise une exception aussi dangereuse; elle réclame enfin l'annulation de la clause particulière qui maintient cette faculté abusive dans la formule du cahier des charges de tous les marchés et adjudications publiques.

Cette mesure de comptabilité et de bonne administration doit, en définitive, exercer une heureuse influence sur les conditions des contrats, alléger le poids des engagements du trésor, dégrever les crédits ouverts aux travaux de *commissions* et d'*intérêts* qui leur étaient étrangers, provoquer la concurrence des soumissionnaires et diminuer le nombre des services régis par économie (1).

Après avoir tracé les règles et formulé les modèles de la comptabilité des ponts et chaussées, la commission a pensé qu'elle devait soumettre ses vues et ses travaux au jugement et à la sanction du savant conseil placé auprès de l'administration pour l'éclairer, par son expérience et par ses lumières, sur les questions les plus importantes du service qui lui est confié. Elle a déféré à l'examen des inspecteurs divisionnaires, alors présents à Paris, chacune des propositions contenues dans ce rapport, et chacune des pièces élémentaires qui

---

(1) Certains ingénieurs évaluent à un taux fort élevé la perte que la lenteur du mode actuel de payment fait supporter à l'État dans ses conditions avec les entrepreneurs.

composent tout le système d'ordre et de contrôle dont on vient de dérouler le tableau. Cette révision consciencieuse, faite par des yeux exercés, a pénétré dans tous les détails d'exécution du nouveau mode de service et d'écritures, rectifié plusieurs imperfections, amélioré quelques parties incomplètes, et fortifié, par l'assentiment unanime de ces premiers fonctionnaires, nos convictions personnelles sur l'efficacité des mesures que nous présentons définitivement à l'approbation du ministre.

COMPTABILITÉ DES BÂTIMENTS CIVILS.

La commission a continué ses investigations sur les formes suivies et sur les justifications produites par les agents chargés de l'exécution du service des bâtiments civils, en commençant son examen, comme pour les ponts et chaussées, auprès du directeur de la comptabilité centrale du ministère. Ce chef supérieur a spontanément déclaré n'avoir jamais été mis en mesure de connaître les opérations consommées et les droits des créanciers que par la remise, plus ou moins tardive, des mémoires des parties intéressées. Il a ajouté qu'il ne lui était attribué aucune direction, ni aucun contrôle, sur les écritures, ni sur les autres procédés descriptifs appliqués à la démonstration des actes relatifs à cette branche spéciale des travaux publics.

Nous avons ensuite entendu les explications du chef de la division des bâtiments civils, qui nous a confirmé qu'il n'existait pour cette partie importante de l'administration aucun système uniforme de comptabilité élémentaire. Il nous a appris, en outre, que l'on se bornait, dans le bureau d'agence de chaque construction, composé, selon son importance, d'un architecte en chef, d'inspecteurs, de sous-inspecteurs, de conducteurs et d'un vérificateur, à tenir plus ou moins régulièrement des feuilles d'attachements graphiques de divers modèles, tantôt détachées, tantôt reliées dans un registre, mais seulement pour les travaux incessamment recouverts et dont la trace disparaît au fur et à mesure de l'avancement des constructions. Il a ensuite affirmé que, même pour cette portion des ouvrages dont on conserve si imparfaitement la mémoire, on ne traduisait en numéraire ni les dessins ou croquis, ni les quantités ou mesures relevées, et que le chiffre de la dépense faite n'était exprimé sur aucun document officiel. Il nous a déclaré que toutes les parties des bâtiments qui demeurent accessibles aux regards n'étaient mentionnées sur aucune note, ni dans aucun livre; enfin *que l'on attendait*, pour connaître les droits des tiers et les charges de l'État, *que les créanciers eussent dressé et présenté leurs mémoires à l'administration*.

Nous avons reconnu que ce mode insolite et irrégulier de ne constater le service fait qu'au moyen de justifications exclusivement établies par les soins des entrepreneurs, avec le concours intéressé de toiseurs qui multiplient la nomenclature des articles et qui en exagèrent les prix, était tellement tardif et si compliqué de subdivisions fractionnées et de résultats amplifiés, que les règlements du vérificateur et du réviseur faisaient toujours ressortir des différences considérables au préjudice de l'État; enfin que ces combinaisons défectueuses ne permettaient jamais au ministère, ni de prévenir, ni d'arrêter le dépassement trop habituel des devis et des crédits législatifs.

Nous nous serions étonnés de rencontrer un semblable dénûment de moyens d'ordre, d'éléments de contrôle et de garanties sérieuses contre les abus dans l'organisation d'une branche aussi importante du service des travaux publics, s'il n'était avéré, dans tous les temps, que, pour la construction des divers bâtiments civils de l'État, l'empire des hommes de l'art a fait subir les méthodes les plus insuffisantes à tous les administrateurs. Pénétrée de la nécessité de combler à l'avenir une lacune aussi regrettable dans le mécanisme des écritures du ministère, la commission s'est fortifiée, pour résoudre ce difficile problème, par l'adjonction des ingénieurs qui l'avaient déjà si puissamment secondée pour améliorer les formes descriptives des ponts et chaussées, et par la présence officieuse du directeur de la comptabilité du ministère de l'intérieur, ancien officier du génie militaire, qui avait utilement concouru, dans sa carrière précédente, au perfectionnement des méthodes exactes de la comptabilité des bâtiments de la guerre. Après s'être ainsi plus fortement constituée, en associant à ses efforts des fonctionnaires expérimentés qui avaient déjà su constater avec méthode tous les autres faits des constructions civiles et militaires, la commission a cru devoir appeler à son aide les avis et les vues de plusieurs architectes, ainsi que les opinions et les idées des vérificateurs et des inspecteurs des travaux.

Un débat très-étendu et très-approfondi s'est ouvert sur l'insuffisance et sur les dangers d'un régime consacré seulement par l'habitude, qui abandonne l'initiative de la reconnaissance et de la liquidation des droits à ceux-là mêmes qui prétendent les avoir acquis. L'administration ne se réserve ainsi que des notions incomplètes et incertaines pour faire vérifier, après de longs délais, l'existence et la quotité des dépenses par des agents extérieurs choisis en dehors de son personnel ou par des bureaux étrangers à la marche des travaux. Aucun lien continu d'écritures, aucun enchaînement instantané des faits et de leurs preuves immédiates ne viennent révéler incessamment à l'autorité responsable l'exécution graduelle des constructions entreprises, ainsi que cela se pratique déjà dans le service du génie par les carnets et par les registres d'attachements des officiers, ainsi que cela doit se pratiquer à l'avenir dans les ponts et chaussées par les journaux des conducteurs et par les nouveaux livres des ingénieurs.

Des calepins portatifs tenus sur les chantiers pour y consigner, sans uniformité de méthode et avec plus ou moins d'exactitude, des indications partielles, graphiques ou chiffrées, en ce qui concerne seulement les travaux prêts à disparaître; un livre de dépouillement facultatif de ces croquis provisoires et de ces premiers calculs, accompagné de développements séparés, pour les attachements d'une grande dimension; enfin des mémoires exagérés, périodiquement présentés par les entrepreneurs eux-mêmes : tel est l'exposé fidèle, et plusieurs fois reproduit à notre attention, des bases sur lesquelles repose aujourd'hui l'ordre adopté pour suivre l'exécution des bâtiments civils.

Nonobstant l'incohérence et l'incomplet d'un semblable régime de comptabilité, les plus consciencieux arguments ont été employés pour défendre la loyauté éprouvée des divers agents du service, ainsi que le zèle et l'habileté de chacun de ceux qui sont chargés de contredire les prétentions des tiers intéressés par des révisions personnelles ou déléguées, plus ou moins fréquentes, sur les matériaux employés ou sur les mémoires produits; enfin on a invoqué l'imposante autorité du temps, qui semblait, disait-on, avoir voulu consacrer la simplicité des procédés mis jusqu'alors en usage pour les approprier au caractère beaucoup plus artistique que comptable du personnel des bâtiments.

Cependant le besoin, toujours si impérieux pour la conscience d'un chef responsable, de se faire rendre un compte fidèle et rapide de ses propres actes dans l'exécution d'une tâche difficile et importante, a conduit plusieurs architectes que nous avons consultés à adopter, de leur seule initiative, des procédés bien préférables à ceux qui leur étaient indiqués par le ministère. Ainsi l'un d'eux fait relever ses attachements au moment opportun de l'exécution des travaux et y consigne en même temps, de concert avec les entrepreneurs et le vérificateur, les tracés graphiques, les quantités de toute nature, les prix de la série ou ceux qui ont été amiablement convenus, enfin les résultats de la liquidation des droits acquis aux créanciers. Il constate ainsi sa dépense au fur et à mesure de l'accomplissement de chaque opération, lorsque les détails les plus fugitifs peuvent en être vérifiés, reconnus et arrêtés avec une entière connaissance par toutes les parties mises en présence des faits, et il s'affranchit dès à présent de toute incertitude, de toute contestation ultérieure et de toute dépendance de l'intérêt privé.

Un autre architecte, encore mieux inspiré dans ses procédés descriptifs, a mis sous les yeux de la commission les deux registres fondamentaux qui doivent servir de base à toute comptabilité régulière : un journal et un sommier; il intitule le premier : *Registre des attachements journaliers*, et le second : *Registre des comptes ouverts*. Les faits sont d'abord recueillis et constatés sans interruption dans l'ordre chronologique, et ensuite méthodiquement classés dans l'ordre des divisions administratives et législatives. Les principes généraux recommandés par la commission sont ici complétement observés, et leur application se trouve déjà consacrée par une longue expérience. Il ne restait donc plus qu'à vérifier si les moyens employés pour l'exécution du système dont elle rencontrait un exemple aussi décisif pouvait soulever encore des difficultés insurmontables, soit à Paris, soit dans les départements. L'auteur de ce nouveau mode d'écritures nous a donné l'assurance qu'il était assez simple pour avoir été pratiqué sous ses yeux pendant plusieurs années avec le concours d'un seul commis, n'ayant d'autre préparation que l'instruction la plus élémentaire. Il a ajouté que la constatation des travaux exécutés sur son livre d'attachements était chaque jour contradictoirement arrêtée par la signature de l'entrepreneur, et le mettait constamment à l'abri de toute discussion; que chacun des comptes ouverts sur son second registre formait un véritable mémoire à jour, facile à rapprocher, par un pointage, de celui de chaque créancier, et que l'addition de ces comptes ouverts avait suffi pour présenter la situation comparative, à toutes les époques, des crédits, des devis et des dépenses.

La commission s'est corroborée plus que jamais dans ses convictions sur la nécessité de ramener le plus tôt possible l'administration des bâtiments civils aux véritables principes et aux bonnes méthodes de la comptabilité, en reconnaissant la facilité de leur application si évidemment démontrée devant elle, non-seulement par l'expérience de plusieurs architectes, mais encore par celle des ingénieurs qui venaient de les adapter aux importantes constructions des ponts et chaussées, et surtout, enfin, par celle d'un ancien officier du génie (1) qui a vu s'élever, sous leur empire, au sein de la capitale, une ville considérable de casernes, d'hôpitaux, de magasins, de fortifications et d'édifices militaires de toute nature.

---

(1) M. Laisné, directeur de la comptabilité du ministère de l'intérieur.

Il importe, en effet, de ne plus subordonner la liquidation des charges de l'État au libre arbitre des intérêts privés, et de ne plus imposer au trésor les tributs onéreux qui sont prélevés sur les fonds des bâtiments civils par un grand nombre d'agents intermédiaires. Il faut que le Gouvernement reprenne, en quelque sorte, possession d'un service trop abandonné à la discrétion des hommes de l'art et des entrepreneurs; qu'il en maîtrise désormais toute l'exécution par les liens de la méthode; qu'il en contienne l'extension, trop facile, dans les limites légales du budget; enfin qu'il en constate et qu'il en surveille, jour par jour, le développement au fur et à mesure de l'avancement des travaux.

Tous les membres de la commission, éclairés définitivement par un examen consciencieux et poussé jusqu'à ses dernières limites, ont été d'avis qu'il était indispensable et urgent de prescrire à chaque agence de bâtiment des écritures complètes et régulières, dont la tenue se réduirait au surplus à deux registres modelés sur ceux des ponts et chaussées et du génie militaire, à savoir :

Un journal descriptif de tous les faits, et *un sommier* classificateur de leurs résultats (*Modèles n{os} 1 et 2*).

On a dû remarquer qu'il existe déjà sur tous les chantiers, d'après l'aveu même de l'administration, des agents assez instruits pour tenir un calepin où se trouvent consignées les notions relatives aux attachements des travaux susceptibles de disparaître; il suffirait donc, pour compléter ces inscriptions partielles et fractionnées, de constater aussi les travaux visibles. Le nouveau journal où nous proposons de comprendre, sans restriction, l'universalité des attachements, recevrait, dans sa première page de gauche, la désignation de chaque portion d'ouvrage successivement accomplie, et, dans une colonne spéciale, les chiffres exprimant les quantités et les dimensions des matériaux employés. La page de droite représenterait, pour mémoire, les dessins ou croquis devant le libellé de chaque article. Toutes les fois que l'étendue de ces tracés linéaires exigerait une feuille annexe de développements, on se bornerait à en rappeler le numéro d'ordre sur le journal, et on aurait soin de la rattacher ensuite à un atlas qui se formerait des cartes et des plans figurés, afin de composer ainsi successivement l'histoire graphique de chaque bâtiment depuis la première pierre jusqu'à la dernière.

Le métré des travaux qui sert de base à la dépense est une opération positive et facile à saisir par des résultats authentiques, relevés sur place et arrêtés à la vue des ouvrages encore récents, avec l'adhésion des entrepreneurs. L'administration reconnaît, d'ailleurs, qu'il est nécessaire de rendre désormais ces règlements contradictoires aussi prompts et aussi fréquents que possible, afin de prévenir toute contestation ultérieure par une vérification immédiate toujours opérée à l'aspect des faits, sous les yeux mêmes de chacun des intéressés et des surveillants du travail. Cette marche méthodique et rapide faciliterait les études et les comparaisons, et rendrait bientôt les divers agents du service très-habiles à remplir leurs nouveaux devoirs de contrôle et de comptabilité.

Les quantités ainsi consignées et arrêtées contradictoirement sur le journal ou carnet des attachements devront être reportées, sans retard, avec leur numéro d'ordre, sur le sommier ou registre de classement des résultats, à chacun des comptes ouverts par entrepreneur, par nature de travaux et par article de devis. La conversion en argent des unités de chaque mesure technique s'accomplira, dans une colonne distincte de ce second livre, par l'application pure et simple des prix de la série à chaque article, ou par le décompte des prix spéciaux préalablement convenus, pour les ouvrages exceptionnels. C'est ainsi que se formera sans délai, sans embarras et sans peine, le compte exact et constamment à jour de la dépense des bâtiments civils, d'après les seules écritures de l'administration régulièrement établies, et indépendamment de toute présentation ultérieure de mémoires ou autres réclamations des tiers intéressés. Cette comptabilité se manifestera sans cesse à tous les regards, avertira le ministère de toute déviation à la règle tracée, et fera cesser les doutes qui auraient pu se répandre sur le bon emploi des crédits législatifs.

Centralisation et contrôle des résultats.

A la fin de chaque mois, de chaque année et de chaque exercice, les différentes agences des bâtiments devront adresser aux préfets, pour les travaux des départements, et au ministère, pour ceux de Paris, les mêmes états et documents périodiques que ceux qui sont déjà transmis à ces différentes autorités pour le service des ponts et chaussées, afin de leur faire connaître, à toutes les époques, la marche et la situation des dépenses effectives, et de leur donner ainsi les moyens d'en comprendre le résultat dans leurs écritures centrales et dans leurs comptes généraux (*Modèles n°³ 3 et 4*).

Après avoir consulté l'un des inspecteurs généraux des bâtiments civils, et avoir obtenu son entière adhésion au nouveau mode préparé, la commission a pensé que la comptabilité locale de chaque bâtiment serait convenablement tenue par les inspecteurs ou par les sous-inspecteurs placés sous la direction des architectes. Elle a jugé également qu'il serait convenable, pour ne pas troubler l'ordre actuel des attributions, et pour profiter de l'expérience acquise dans les divers bureaux du ministère, de conserver à la *division des bâtiments civils* la surveillance des travaux, la révision des liquidations, le contrôle des mémoires et des propositions d'à-compte, et enfin la réunion des résultats successifs de cette branche de service dans une comptabilité préparatoire et récapitulative, qui remettrait ensuite des résumés mensuels à la comptabilité centrale, afin de compléter l'ensemble des écritures du département des travaux publics.

COMPTABILITÉ CENTRALE.

La commission, après avoir reconnu l'insuffisance du régime actuel et tenté de rectifier les imperfections des comptabilités élémentaires, a commencé l'examen des livres tenus par la comptabilité centrale, qui ont pour base les bordereaux mensuels transmis par les préfets. Ces derniers documents sont conformes aux modèles prescrits à tous les ordonnateurs secondaires par les règlements des divers ministères. Ils résument par chapitre, à la fin de chaque mois, dans chaque département, les crédits, les dépenses, les ordonnances, les mandats et les payements.

La commission a remarqué que le chiffre des dépenses, dont les résultats sont créés par les ingénieurs, n'était pas rapproché et mis en concordance avec une pièce contradictoire émanée de ce premier agent des travaux, véritable liquidateur des droits constatés à la charge de l'État. Cette lacune était sans doute regrettable sous un régime où l'irrégularité des méthodes viciait l'expression des faits accomplis dans tous les degrés de leur description; mais elle serait devenue intolérable avec le retour de la régularité et de l'exactitude qui allait être assuré pour tous les agents du service. Il a paru, en conséquence, indispensable de ménager, sur l'état périodique adressé par chaque préfet, un cadre spécial destiné à rappeler et à comparer, tous les mois, le total de la situation détaillée, fournie par les ingénieurs, avec le chiffre de la dépense annoncée par l'ordonnateur secondaire de chaque département.

On aurait pu s'étonner aussi de ne trouver à la comptabilité centrale aucun élément de compte produit par le service des bâtiments civils, si les vérifications antérieures n'avaient pas démontré à la commission que cette administration spéciale n'avait d'autre indication ni d'autre preuve de sa dépense à transmettre à cette comptabilité centrale que les mémoires de créanciers.

On voit clairement, par cette double épreuve, que les imperfections des premières écritures se reproduisent dans celles du ministère et lui communiquent toute leur irrégularité.

Le dépouillement des résultats, leur enregistrement et leur classement successif sur le journal, le grand-livre, les livres auxiliaires et dans les comptes généraux périodiquement établis, ont paru conformes aux dispositions prescrites par les lois et règlements qui régissent les comptabilités des ministres ordonnateurs.

Cependant cette division centrale, où doit résider la pensée de l'ordre parvenue à sa plus haute expression et fortifiée de toute l'autorité du ministre, pour descendre sans cesse de ce point culminant et se propager avec uniformité dans les différentes parties du service, ne saurait plus se maintenir dans l'isolement où elle est placée au milieu même de l'administration, ni se renfermer dans le rôle passif de collecteur de chiffres, auquel elle a été réduite depuis son origine jusqu'à ce jour. Tous les agents d'exécution, dans un département aussi considérable que celui des travaux publics, ont besoin d'un guide, d'un régulateur, qui trace toutes les formes à suivre, toutes les justifications à produire, toutes les vérifications locales ou intérieures à exercer dans le cours des opérations, tous les cadres de renseignements à fournir aux époques prescrites, enfin qui soumette à sa méthode et à son vocabulaire correct et lucide toutes les expressions qu'il doit traduire dans le langage de ses écritures et de ses comptes généraux.

C'est à ce chef principal qu'il appartiendrait aujourd'hui de préparer, de concert avec les autres directeurs et les fonctionnaires supérieurs de l'administration, les dispositions d'ordre et de comptabilité que la commission a soumises, dans le cours de ce rapport, à l'approbation du ministre; ce serait à lui de les spécifier dans un règlement général et de les expliquer dans des instructions détaillées aux divers préposés chargés de leur exécution. Il aurait ensuite à faire pénétrer dans les habitudes, par une correspondance active et par une surveillance continue, l'usage des formes nouvelles dans tous les degrés de l'administration, à en faciliter l'intelligence et à en maintenir l'application régulière à tous les faits accomplis.

CONCLUSION.

La commission a terminé l'examen de toutes les parties de la comptabilité des travaux publics; elle a exposé dans ses procès-verbaux et dans ce dernier résumé ses opinions et ses vues sur les améliorations dont les procédés actuels lui paraissent susceptibles; elle croit, en conséquence, avoir accompli toute la mission qui lui a été confiée, et devoir déposer entre les mains du ministre les vingt-sept procès-verbaux de ses séances, les modèles d'écritures qui ont été arrêtés dans ses délibérations, enfin le présent rapport, qui contient l'analyse de son travail et les motifs de ses propositions.

Ce 14 août 1849.

Les Membres de la Commission,

D'AUDIFFRET, président à la cour des comptes;

MASSON, maître des requêtes au conseil d'état;

CHENIN, inspecteur des finances.

RÈGLEMENT SPÉCIAL

SUR

LA COMPTABILITÉ

DU MINISTÈRE

DES TRAVAUX PUBLICS.

TITRE Iᵉʳ.

DISPOSITIONS GÉNÉRALES.

ARTICLE PREMIER.

La comptabilité des divers services ressortissant au ministère des travaux publics a pour base des écritures élémentaires constatant tous les faits de dépense à mesure qu'ils se produisent.

Exposé sommaire du système général de la comptabilité du ministère des travaux publics.

ART. 2.

Les écritures élémentaires sont tenues par les agents chargés de la surveillance immédiate des travaux, et font l'objet de *journaux* ou *carnets d'attachements*, sur lesquels tous les faits de dépense sont inscrits successivement par ordre de date.

ART. 3.

Les articles inscrits sur le journal sont rapportés et classés sur un *sommier,* où sont ouverts autant de comptes qu'il y a de crédits distincts.

Art. 4.

Les résultats des comptes du sommier sont arrêtés à la fin de chaque mois et résumés dans une *situation mensuelle,* qui est remise au fonctionnaire immédiatement supérieur dans l'ordre hiérarchique.

Art. 5.

Les résultats de toutes les situations mensuelles fournies par les agents secondaires sont résumés dans un état récapitulatif adressé à l'administration centrale.

Art. 6.

Dans les départements, les états récapitulatifs des divers chefs de service sont remis aux préfets, qui, avant de les transmettre au ministère des travaux publics, en résument les résultats par chapitre du budget, dans un bordereau unique, qui est également envoyé au ministère, pour servir d'élément à la tenue des écritures de l'administration centrale.

Art. 7.

Mandatement, par les ingénieurs en chef, des dépenses du service des ponts et chaussées.

Les mandats de payement concernant les dépenses du service des ponts et chaussées seront délivrés, à l'avenir, par les ingénieurs en chef.

A cet effet, les ordonnances de délégation seront sous-déléguées aux ingénieurs en chef.

La répartition des ordonnances par service d'ingénieur en chef aura lieu conformément aux indications contenues dans les avis d'ordonnances adressés aux préfets par le ministère des travaux publics.

Les préfets demeurent titulaires des crédits de délégation sous-délégués aux ingénieurs en chef des ponts et chaussées, et continuent à en rendre compte dans les bordereaux mensuels qu'ils doivent adresser au ministre des travaux publics, en exécution des articles 256 et 257 de l'ordonnance du 31 mai 1838.

Art. 8.

Les préfets sont autorisés à approuver, dans la limite des crédits ouverts, les propositions des ingénieurs en chef des ponts et chaussées, relatives aux dépenses dont la nomenclature suit :

1° Acquisitions de terrains, d'immeubles, etc. dont le prix ne dépasse pas 5,000 francs;

2° Indemnités mobilières ne s'élevant pas au delà de 1,000 francs;

3° Indemnités pour dommages n'excédant pas 1,000 francs;

4° Frais accessoires aux acquisitions d'immeubles, aux indemnités mobilières et aux dommages ci-dessus désignés;

5° Loyers de magasins, terrains, etc. ne dépassant pas 500 francs;

6° Secours aux ouvriers réformés, blessés, etc. dans les limites déterminées par les instructions.

Il est rendu compte des approbations accordées par les préfets pour les dépenses détaillées ci-dessus, au moyen d'états trimestriels établis par les ingénieurs et adressés au ministre des travaux publics.

TITRE II.

SERVICE DES PONTS ET CHAUSSÉES.

COMPTABILITÉ DU CONDUCTEUR.

Art. 9.

Tout conducteur attaché à l'exécution des travaux tient un *journal ou carnet d'attachements* (*Modèle n° 1*), sur lequel il inscrit tous les faits de dépense, à mesure qu'ils se produisent, par ordre chronologique, sans lacune, sans classification, quels que soient les ateliers confiés à sa surveillance auxquels ces faits se rapportent.

Ce journal contient, sur la page de gauche, le libellé des opérations et leurs résultats, soit en quantités seulement, soit à la fois en quantités et en deniers, suivant les divers cas.

En regard de chaque fait, il reçoit, sur la page de droite, les croquis et l'indication des pièces dont les détails ne peuvent pas être inscrits sur le carnet, enfin les renseignements propres à justifier les quantités et les sommes portées sur la page de gauche.

Les piqueurs et surveillants placés sous les ordres du conducteur sont pourvus de carnets semblables pour les ouvrages confiés à leur surveillance.

Les résultats consignés sur les carnets des piqueurs et surveillants sont rapportés par le conducteur sur son propre journal.

ART. 10.

Les carnets sont délivrés par l'ingénieur en chef à l'ingénieur ordinaire, qui en numérote les feuillets et les parafe par premier et dernier, avant de les remettre au conducteur.

Chaque agent est responsable, vis-à-vis de l'administration, de toutes les indications qu'il consigne sur son carnet et des omissions commises dans ses écritures. Il ne doit se dessaisir de ce carnet que sur l'ordre de ses chefs. Quand il cesse ses fonctions, il l'arrête et le remet à l'ingénieur.

Les carnets remplis sont visés *ne varietur* par l'ingénieur, qui les dépose dans les archives de son bureau.

Les carnets successivement remis, dans une même année, à chaque conducteur, reçoivent une série de numéros.

ART. 11.

Tout est écrit à l'encre sur les carnets.

Chaque attachement porte un numéro et est précédé de la date à laquelle il se rapporte.

Les attachements qui, par leur nature, doivent être contradictoires, reçoivent sur le carnet la signature de la partie intéressée. En cas de refus de celle-ci, le conducteur prévient aussitôt l'ingénieur.

Les dépenses qui figurent sur les carnets ne sont portées en compte qu'autant qu'elles sont ensuite admises par les ingénieurs. L'inscription sur le carnet ne constitue pas titre pour les entrepreneurs.

Le carnet est fréquemment visé par l'ingénieur.

ART. 12.

Livret de caisse pour les avances à un régisseur comptable.

Pour les travaux exécutés en régie au moyen d'avances remises à un agent du service, régisseur-comptable, il est fait usage d'un carnet spécial (*Modèle n° 1* bis), désigné sous le nom de *livret de caisse*.

Ce livret contient sur la page de gauche l'indication des numéros et des dates des mandats délivrés au nom du régisseur comptable, l'inscription en toutes lettres et de la main du payeur des payements faits au régisseur, et la même indication en chiffres.

La page de droite indique, par ordre chronologique, les payements successivement effectués par le régisseur. On y trouve les dates de ces payements, la nature des dépenses, le montant des sommes payées et celui des pièces justificatives produites au payeur.

L'ingénieur constatera sur le carnet les résultats des vérifications qu'il doit faire des écritures, des pièces et de la caisse du régisseur.

Art. 13.

Les journées d'ouvriers sont constatées par des feuilles d'attachements (*Modèle n° 2*), tenues sur chaque atelier par le piqueur ou le surveillant.

Feuille d'attachements des journées.

Ces feuilles, arrêtées à la fin du mois, ou plus fréquemment s'il est nécessaire, sont remises au conducteur, qui en inscrit immédiatement les résultats sur son carnet.

A la fin du mois, toutes les feuilles de journées sont envoyées à l'ingénieur.

Art. 14.

Les réceptions définitives de matériaux sont faites par l'ingénieur ordinaire, accompagné du conducteur et en présence de l'entrepreneur.

Procès-verbal de réception des matériaux.

Elles sont constatées par des procès-verbaux de réception (*Modèle n° 3*), dressés en triple expédition. L'une des expéditions est remise à l'entrepreneur; la seconde est conservée par l'ingénieur, et la troisième est envoyée à l'ingénieur en chef.

Les quantités de matériaux reçus font immédiatement l'objet d'un article au journal du conducteur.

Art. 15.

Lorsque des travaux de repiquage sont exécutés pour l'entretien des chaussées pavées, les résultats en sont constatés par des feuilles spéciales (*Modèle n° 4*).

Feuille de repiquages.

Le piqueur ou surveillant inscrit chaque soir sur son carnet les résultats des feuilles de la journée.

Il remet ces feuilles au conducteur, qui, après les avoir vérifiées, en constate sommairement le résultat sur son journal, et les envoie à la fin du mois à l'ingénieur.

Art. 16.

Sommier.

Les faits de dépense, inscrits chronologiquement par le conducteur sur son journal ou carnet d'attachements, sont rapportés par article de ce carnet sur un *sommier* (*Modèle n° 5*), où un compte particulier est ouvert à chacun des crédits dont ce conducteur est chargé de surveiller l'emploi.

Art. 17.

Au moyen des éléments extraits du journal ou carnet d'attachements, et rapportés à chacun des comptes ouverts au sommier, le conducteur établit, à la fin de chaque mois, les états ci-après désignés, qu'il envoie à l'ingénieur ordinaire, et qui servent de base à la comptabilité que ce fonctionnaire doit tenir pour l'ensemble de son service, et aux propositions de payement qu'il doit adresser à l'ingénieur en chef.

Art. 18.

État des travaux en régie exécutés à la tâche.

Les travaux en régie exécutés par des tâcherons sont détaillés sur des états conformes au *Modèle n° 6*.

Art. 19.

Décompte des cantonniers.

Le décompte des cantonniers, éclusiers, gardes et autres agents est établi sur un état *Modèle n° 7*.

Art. 20.

Situations mensuelles. —

Travaux d'entretien.

Travaux neufs et grosses réparations.

Les situations mensuelles des travaux d'entretien, dits de première catégorie, sont présentées par route, pont, rivière, etc. conformément aux *Modèles n°° 8* et *8* bis.

Les situations mensuelles des travaux neufs et de grosses réparations, dits de deuxième catégorie (*Modèle n° 9*), sont produites par article et par entreprise.

Art. 21.

Les ouvrages exécutés sont portés sur les situations mensuelles (*Modèles n°* *8, 8* bis *et 9*) en quantités sommaires. Pour justifier ces quantités, le conducteur doit joindre, lorsqu'il y a lieu, à chacune de ces situations un métré détaillé dans la forme du modèle Annexe 8, 8 *bis* et 9.

Métrés détaillés des travaux.

Art. 22.

Les états et situations adressés chaque mois par le conducteur à l'ingénieur ordinaire sont accompagnés d'un bordereau conforme au *Modèle n° 10.*

Bordereau des pièces envoyées à l'ingénieur.

Ces pièces doivent parvenir à l'ingénieur ordinaire le 5 de chaque mois au plus tard.

COMPTABILITÉ DE L'INGÉNIEUR ORDINAIRE.

Art. 23.

L'ingénieur ordinaire centralise, vérifie et coordonne tous les résultats constatés et produits par les conducteurs placés sous ses ordres.

Il les établit dans sa comptabilité conformément aux articles qui suivent.

Art. 24.

L'ingénieur ordinaire dresse, à la fin de chaque mois, d'après les états partiels (*Modèle n° 7*) fournis par les conducteurs, le *décompte mensuel* (*Modèle n° 11*) des sommes dues à tous les cantonniers, éclusiers, gardes et autres agents de son service.

Décompte des cantonniers.

Art. 25.

Les feuilles d'attachement des journées d'ouvriers, reçues par l'ingénieur de tous les conducteurs de son arrondissement, sont résumées, chaque mois, dans un état récapitulatif (*Modèle n° 12*).

Rôle des journées d'ouvriers.

Art. 26.

Tous les faits de comptabilité concernant un service d'ingénieur ordinaire sont classés méthodiquement dans un registre (*Modèle n° 13*) désigné sous le nom de *Livre de comptabilité de l'ingénieur ordinaire.*

Livre de comptabilité.

Ce livre se compose des parties détaillées ci-après :

1° La sous-répartition des crédits affectés aux dépenses du service ;

2° Une série de comptes ouverts aux différents articles de la sous-répartition;

3° Un compte des fonds ordonnancés et appliqués au payement des dépenses d'après les distributions faites par l'ingénieur en chef du service;

4° Un journal d'inscription des certificats pour payement délivrés par l'ingénieur ordinaire;

5° Une série de comptes récapitulatifs, *par chapitre du budget*, des dépenses faites et des mandats délivrés.

L'ingénieur ordinaire doit tenir un livre spécial de comptabilité pour chacune des deux catégories du *service ordinaire* et pour les *travaux extraordinaires*.

ART. 27.

État sommaire mensuel des dépenses.

A la fin de chaque mois, l'ingénieur ordinaire dresse un état sommaire des dépenses de son service (*Modèle n° 14*).

Les sommes à porter sur cet état sont celles qui résultent des divers comptes du livre de comptabilité arrêtés au dernier jour du mois.

Une colonne spéciale est destinée à recevoir l'indication des dépenses qui seront faites dans les deux mois qui suivent celui pour lequel l'état est dressé.

Ce compte mensuel est envoyé à l'ingénieur en chef avec les états n°° 11 et 12, et doit lui parvenir le 9 du mois suivant.

ART. 28.

Procès-verbaux de réception provisoire et définitive.

L'ingénieur ordinaire constate la réception provisoire des travaux d'une entreprise par un procès-verbal (*Modèle n° 15*), dressé en triple expédition. L'une des expéditions est envoyée à l'ingénieur en chef, une autre remise à l'entrepreneur, et la troisième conservée dans le bureau de l'ingénieur ordinaire.

A l'expiration du délai de garantie, l'ingénieur ordinaire se transporte de nouveau sur les lieux pour examiner les travaux, et, s'il reconnaît qu'ils satisfont aux conditions du devis et sont en bon état d'entretien, il déclare qu'il y a lieu d'en accorder la réception définitive.

Il dresse procès-verbal de cette opération dans la forme du *Modèle n° 15* bis.

Ce procès-verbal est suivi d'un décompte des ouvrages exécutés, certifié par l'ingénieur ordinaire, et présenté à l'acceptation de l'entrepreneur.

Le procès-verbal de réception définitive est adressé à l'ingénieur en chef, pour être vérifié et approuvé par lui, s'il y a lieu.

Art. 29.

Lorsqu'il y a lieu de faire un payement à un entrepreneur, l'ingénieur ordinaire rédige un *certificat pour payement*, indiquant la nature et le montant des dépenses (*Modèle n° 16*).

Certificat pour payement à un entrepreneur.

Cette pièce doit être accompagnée d'un décompte (*Modèle n° 16 bis*), en quantités et en deniers, des ouvrages exécutés et des dépenses faites par l'entrepreneur, pour justifier la proposition du payement. Ce décompte contient une situation comparative des fonds ordonnancés mis à la disposition de l'ingénieur ordinaire sur le chapitre du budget qui doit supporter le payement proposé, et des certificats pour payement précédemment délivrés.

Décompte des ouvrages exécutés et des dépenses faites.

Le certificat pour payement et le décompte sont envoyés à l'ingénieur en chef; le certificat de payement est seul produit au payeur à l'appui du mandat.

Art. 30.

Les certificats pour payement à toute autre personne qu'un entrepreneur sont rédigés par l'ingénieur ordinaire dans la forme du *Modèle n° 17*.

Certificat pour payement à toute autre personne qu'un entrepreneur.

Ils sont adressés à l'ingénieur en chef, qui les revêt, s'il y a lieu, de son approbation.

Art. 31.

La justification de l'emploi des sommes avancées à un régisseur comptable s'opère, pour chaque mandat, par la remise au payeur des pièces régulières, revêtues de l'acquit des parties prenantes auxquelles le montant du mandat a été distribué.

Bordereau des pièces remises au payeur pour justifier l'emploi d'une avance.

Ces pièces font l'objet d'un bordereau (*Modèle n° 18*), en double expédition, dressé par le régisseur comptable, vérifié par l'ingénieur ordinaire et approuvé par l'ingénieur en chef. Les deux expéditions sont remises, avec les pièces à l'appui, au payeur, qui en rend une au régisseur comptable, pour lui servir de décharge, après y avoir signé la mention constatant la réception des quittances et pièces justificatives énoncées dans le bordereau.

Art. 32.

A l'expiration de chaque trimestre, l'ingénieur ordinaire dresse, pour son service, un état (*Modèle n° 19*) des indemnités et des dépenses diverses qui ont été réglées avec l'approbation du préfet pendant le cours du trimestre.

État trimestriel des indemnités de terrain et des dépenses diverses réglées avec l'approbation du préfet.

Ces états trimestriels, dressés par les ingénieurs ordinaires, sont vérifiés par l'ingénieur en chef, soumis au visa du préfet et envoyés au ministère des travaux publics.

Art. 33.

Situation définitive des crédits et des dépenses au 31 décembre.

L'ingénieur ordinaire arrête, au 31 décembre, les divers comptes de son livre de comptabilité, et en consigne les résultats sur un état de situation définitive (*Modèle n° 20*).

Cet état présente, pour chaque article de la sous-répartition, les dépenses autorisées, les crédits ouverts et les dépenses effectuées.

On y établit la situation des diverses entreprises, sans y comprendre le détail des ouvrages exécutés et dépenses faites, ni appeler les entrepreneurs à l'accepter.

On y rappelle sommairement, par article de la sous-répartition, les dépenses indiquées à l'article 8, en mentionnant les états trimestriels ou les décisions ministérielles qui les comprennent.

Une situation définitive doit être établie pour chacune des deux catégories du *service ordinaire* et pour les *travaux extraordinaires*.

Art. 34.

A la fin de l'année, l'ingénieur ordinaire dresse les décomptes de toutes les entreprises de son service; il les envoie à l'ingénieur en chef, après les avoir notifiés, dans la forme ordinaire, aux entrepreneurs.

COMPTABILITÉ DE L'INGÉNIEUR EN CHEF.

Art. 35.

L'ingénieur en chef centralise, dans sa comptabilité, tous les faits de dépense, tant ceux qui résultent des états fournis par les ingénieurs ordinaires que ceux dont il rend personnellement compte.

Il dresse et remet au préfet, pour être transmis au ministre des travaux publics, des états récapitulatifs qui présentent la situation des différentes parties de son service.

Art. 36.

Livre de comptabilité.

Le livre de comptabilité de l'ingénieur en chef (*Modèle n° 21*) se compose des comptes ci-après :

Crédits.

1° Un compte des crédits ouverts par chapitre du budget;

2° Un compte de la distribution de ces crédits, par service d'ingénieur;

3° Un compte de sous-répartition des crédits, par article de dépense.

Dépenses.

4° Une situation à la fin de chaque mois des dépenses faites par route, pont, rivière, etc.;

5° Une situation à la fin de chaque mois des dépenses et des mandats par chapitre du budget et par service d'ingénieur.

Ordonnances de fonds.

6° Un compte général des fonds ordonnancés, présentant, d'une part, les ordonnances de délégation affectées au service général, et, d'une autre part, la distribution, par service d'ingénieur, des fonds ordonnancés.

Mandats délivrés.

7° Un journal d'inscription des mandats délivrés;

8° Un état récapitulatif, par service d'ingénieur, des mandats délivrés.

Art. 37.

L'ingénieur en chef tient un registre où des comptes sont ouverts à tous les articles de la sous-répartition (*Modèle n° 22*).

Registre des comptes ouverts.

Chaque compte reçoit toutes les indications qui concernent la comptabilité de l'entreprise ou de la dépense autorisée, et en présente constamment la situation comparative avec les autorisations données, les crédits ouverts et les mandats délivrés.

Les dépenses du personnel donnent lieu à des comptes spéciaux par chapitre du budget, et dont la forme est indiquée par le *Modèle n° 22 bis*.

Art. 38.

L'ingénieur en chef établit, à la fin de chaque mois, une situation sommaire des crédits et des dépenses (*Modèle n° 23*).

Situation mensuelle sommaire des crédits et des dépenses.

Cette situation rappelle, par article et par chapitre du budget, les crédits alloués.

Elle fait connaître, aussi par article et par chapitre du budget, les dépenses faites jusqu'à la fin du mois.

Elle est terminée par un résumé présentant, par chapitre du budget, les crédits alloués, les dépenses faites, les ordonnances délivrées et les mandats émis.

Elle indique, par aperçu, les dépenses à faire pendant les deux mois qui suivent celui pour lequel l'état est dressé.

Cette situation mensuelle, arrêtée par l'ingénieur en chef, est adressée, le 12 de chaque mois, au plus tard, à la préfecture, qui la transmet immédiatement au ministère.

Les situations sommaires des crédits et des dépenses sont adressées au ministère pour chacun des douze mois qui composent la période de dépense de l'exercice. La situation du mois de décembre doit comprendre toutes les dépenses à imputer sur l'exercice.

Art. 39.

État continuatif mensuel.

Pendant la partie de la seconde année de l'exercice qui est réservée à la liquidation définitive et au payement des dépenses, l'ingénieur en chef doit établir, à la fin de chaque mois, un *état continuatif* (*Modèle n° 24*).

Cet état rappelle, par chapitre, les crédits alloués, les dépenses faites au 31 décembre précédent, et indique les ordonnances délivrées, ainsi que les mandats émis.

Il est arrêté par l'ingénieur en chef et envoyé au préfet, qui le transmet au ministre des travaux publics.

Art. 40.

État du personnel.

L'ingénieur en chef continuera de dresser, pour chaque mois, les états d'appointements des ingénieurs et conducteurs du service qu'il dirige (*Modèle n° 25*). Ces états seront produits au payeur à l'appui des mandats de payement.

Art. 41.

Forme des mandats et avis de leur délivrance.

Les mandats sont établis dans la forme du *Modèle n° 26*.

Il sera donné avis (*Modèle n° 27*) de leur délivrance à l'ingénieur ordinaire qui a délivré le certificat.

Art. 42.

Bordereau journalier des mandats émis.

Chaque jour où l'ingénieur en chef délivre des mandats sur le payeur, il adresse à ce comptable un bordereau (*Modèle n° 28*), et il y joint les pièces justificatives.

Les expéditions d'actes administratifs à fournir comme pièces justificatives seront certifiées conformes par l'ingénieur en chef.

Les mandats ne doivent être remis aux parties prenantes qu'après l'envoi au payeur du bordereau ci-dessus mentionné.

ART. 43.

L'ingénieur en chef doit, comme sous-délégataire des ordonnances, rendre compte au préfet de l'emploi des ordonnances sous-déléguées.

En conséquence, il établit, à la fin de chaque mois, un bordereau détaillé (*Modèle n° 29*) des mandats qu'il a délivrés pendant le mois sur chaque chapitre du budget. Il termine ce bordereau par le rappel sommaire des mandats délivrés pendant les mois antérieurs, de manière à présenter en définitive la situation totale des mandats délivrés depuis le commencement de l'exercice.

Le bordereau ci-dessus mentionné est adressé au préfet par l'ingénieur en chef.

En marge : Bordereau mensuel des mandats émis.

ART. 44.

Aux situations sommaires des mois de mars, juin, septembre et décembre, l'ingénieur en chef joint un état (*Modèle n° 30*) des dépenses du personnel de son service assujetti aux retenues pour la caisse des retraites.

En marge : État trimestriel des dépenses du personnel. — Agents soumis à la retenue.

Cet état présente, par chapitre et individuellement, les appointements, frais fixes, frais de voyage et dépenses éventuelles, depuis le commencement de l'année, concernant les ingénieurs, les conducteurs embrigadés, et les officiers et maîtres de port.

On ne doit porter sur cet état que le net des appointements, attendu que les retenues à verser à la caisse des retraites sont ordonnancées directement, par les soins de l'administration centrale, au nom du caissier de la caisse des dépôts et consignations.

L'ingénieur en chef doit également joindre à la situation des mois de mars, de juin, de septembre et de décembre un état (*Modèle n° 30 bis*) des dépenses concernant le personnel des conducteurs auxiliaires, piqueurs, surveillants et autres agents secondaires, lesquels ne sont pas assujettis aux retenues pour la caisse des retraites.

En marge : Agents non soumis à la retenue.

Cet état présente individuellement les appointements, frais de déplacement et autres dépenses du personnel, depuis le commencement de l'année jusqu'à la fin du trimestre.

Art. 45.

L'ingénieur en chef dresse, au 31 décembre, un état récapitulatif de toutes les dépenses dont il doit personnellement rendre compte.

Cet état, rédigé conformément au *Modèle n° 31*, est joint à la situation définitive qui fait l'objet de l'article 46 ci-après.

Art. 46.

L'ingénieur en chef résume les résultats des situations définitives des crédits et des dépenses établies par les ingénieurs ordinaires (*Modèle n° 20*), et ceux de la situation (*Modèle n° 31*) qu'il a dressée lui-même, dans une situation générale définitive (*Modèle n° 32*), au 31 décembre.

Cette situation (*Modèle n° 32*), qui s'applique à l'ensemble du service, se compose de trois parties distinctes.

Un premier tableau présente, par chapitre, les crédits qui ont été successivement alloués par le ministre.

Un second tableau rappelle les crédits alloués par article du budget et par subdivision d'article. Il présente en regard les dépenses faites pendant l'année, par article du budget et par subdivision d'article.

Un troisième tableau récapitule, par chapitre, les crédits ouverts et les dépenses faites.

Cette situation définitive est soumise au visa du préfet et transmise par lui au ministre des travaux publics.

L'ingénieur en chef doit produire une situation définitive spéciale pour chacune des deux catégories du service ordinaire, et pour les travaux extraordinaires.

Art. 47.

Pour clore la comptabilité de l'exercice, l'ingénieur en chef établit, à l'époque de la clôture des payements (le 31 octobre), un état final résumant, par chapitre, les ordonnances de délégation applicables au service, les dépenses constatées par les situations définitives, les mandats délivrés, les payements effectués et les sommes restant à payer pour solder les dépenses.

Cet état (*Modèle n° 33*), certifié par le payeur pour ce qui concerne les payements effectués, est soumis au visa du préfet, qui le transmet au ministère des travaux publics.

Les résultats de tous les faits qui concernent la première et la seconde catégorie du service ordinaire sont résumés dans le même état; un état spécial doit être dressé pour les travaux extraordinaires.

Art. 48.

Au commencement de chaque année, l'ingénieur en chef dresse un tableau sommaire (*Modèle n° 34*) des mandats qu'il a délivrés, pendant l'année précédente, pour les entreprises dont l'exécution a embrassé ou embrassera plusieurs années.

On doit porter pour ordre sur ce tableau les entreprises non liquidées qui n'ont donné lieu, pendant le courant de l'année, à la délivrance d'aucun mandat.

Toutes les fois qu'une entreprise aura été résiliée ou abandonnée, ou qu'elle aura été continuée par voie de régie au compte de l'entrepreneur, le résultat de la liquidation définitive de l'entreprise dont le décompte est remis au payeur, en exécution de l'article 101 du règlement du 16 septembre 1843, devra être indiqué dans la colonne d'observations de ce tableau.

Ce tableau annuel doit être remis au payeur, en double expédition, avant le 1ᵉʳ mars.

Art. 49.

Les projets de budget qui doivent être présentés chaque année à l'administration centrale avant l'ouverture de l'exercice seront, à l'avenir, établis dans la forme du *Modèle A*.

Les projets de sous-répartition des crédits seront dressés conformément au *Modèle B*.

TITRE III.

SERVICE DES BÂTIMENTS CIVILS.

Art. 50.

L'inspecteur, le sous-inspecteur ou l'un des agents attachés à l'exécution des travaux des bâtiments civils tient un *journal* ou *carnet d'attachements* (*Modèle n° 1ᵉʳ*), sur lequel il inscrit tous les faits de dépense, à mesure qu'ils se produisent, par ordre chronologique, sans lacune et sans classification.

Art. 51.

Les carnets sont délivrés par l'architecte, qui en numérote les feuillets et les parafe par premier et dernier, avant de les remettre aux inspecteurs, sous-inspecteurs ou autres agents.

Chaque agent est responsable de toutes les indications qu'il consigne sur son carnet et des omissions commises dans ses écritures. Il ne doit se dessaisir de ce carnet que pour le communiquer aux divers agents qui ont à le consulter dans l'intérêt du service. Quand il cesse ses fonctions, il l'arrête et le remet à l'architecte.

Les carnets remplis sont visés *ne varietur* par l'architecte, qui les dépose dans les archives du bureau.

Les carnets successivement remis dans une même année à chaque agent reçoivent une série de numéros.

Art. 52.

Tout article est écrit à l'encre sur les carnets.

Chaque attachement porte son numéro, sa date et l'indication de la subdivision du crédit à laquelle il se rapporte.

Les attachements qui, par leur nature, doivent être contradictóires, reçoivent sur le carnet la signature de la partie intéressée. En cas de refus de celle-ci, l'agent prévient aussitôt l'architecte.

Les dépenses qui figurent sur les carnets ne sont portées en compte qu'autant qu'elles sont ensuite admises par l'administration. L'inscription sur le carnet ne constitue pas titre pour les entrepreneurs.

Les métrés sont, quand il en est besoin, accompagnés de croquis cotés, que l'on place sur la page de droite du carnet.

Lorsque les dessins seront de trop grande dimension pour être portés sur les carnets, ils formeront des feuilles séparées qui seront rappelées sur le carnet par un numéro d'ordre.

Le carnet sera fréquemment visé par l'architecte.

Art. 53.

Sommier.

Les quantités consignées sur le journal des attachements (et arrêtées contradictoirement, lorsqu'il y a lieu) sont reportées sur un sommier (*Modèle n° 2*) à des comptes ouverts par article du devis et par entrepreneur.

Ces mêmes quantités sont ensuite converties en argent au moyen de l'application des prix de la série ou des prix spéciaux pour les travaux en dehors de la série. Le produit de cette conversion est inscrit dans une dernière colonne, dont le résultat devient le chiffre de la somme due à l'entrepreneur.

Les objets de dépense de même nature, et à régler au même prix, pourront être réunis dans un seul article.

Au commencement du sommier, un état général indique les dépenses autorisées par article et par chapitre du devis.

Art. 54.

A la fin de chaque mois, l'architecte résume, dans un état sommaire des dépenses (*Modèle n° 3*), les résultats des sommiers tenus par les agents sous ses ordres.

Cet état présente, par article du devis et par subdivision de crédit, les dépenses faites depuis le commencement de l'année.

Dans les départements, les états sommaires mensuels sont remis au préfet, qui les transmet au ministre des travaux publics, après en avoir consigné les résultats dans ses propres écritures.

A Paris, ils sont envoyés directement à l'administration centrale.

Art. 55.

Les décomptes des ouvrages exécutés et des dépenses faites par les entrepreneurs (*Modèle n° 4*) sont dressés en quantités et en deniers par les agents, d'après les comptes ouverts au sommier.

Ils sont contrôlés par le vérificateur et arrêtés par l'architecte.

Dans les départements, ils sont remis au préfet, qui les transmet au ministre des travaux publics.

A Paris, ils sont adressés directement à l'administration centrale.

Art. 56.

Lorsqu'il y a lieu de faire un payement d'à-compte ou pour solde, l'architecte délivre un certificat pour payement extrait du décompte ci-dessus spécifié, et indiquant la nature et le montant des dépenses, pour être produit au payeur du trésor à l'appui de l'ordonnance ou du mandat de payement.

Art. 57.

Au moyen des états sommaires (*Modèle n° 3*) transmis par les préfets pour les travaux des départements, et reçus des architectes pour les travaux exécutés à Paris, la division des bâtiments civils établit, à la fin de chaque mois, une situation générale et récapitulative des dépenses faites par entreprise et par chapitre du budget.

Cette situation est remise à la division de la comptabilité, qui y trouve les éléments nécessaires pour contrôler les chiffres consignés sur les bordereaux mensuels des préfets, en ce qui concerne les travaux des départements, et pour passer écriture des dépenses relatives aux travaux exécutés à Paris.

Art. 58.

En fin d'exercice, la division des bâtiments civils remet à la division de la comptabilité un compte détaillé par entreprise et par chapitre du budget, présentant les dépenses de personnel, le montant des travaux exécutés, les honoraires des architectes et des vérificateurs, et les dépenses diverses.

TITRE IV.

COMPTABILITÉ DES PRÉFETS.

Art. 59.

Bordereau mensuel résumant la situation de tous les services.

Les bordereaux mensuels que les préfets doivent adresser au ministère des travaux publics, en exécution des articles 256 et 257 de l'ordonnance du 31 mai 1838, seront, à l'avenir, établis conformément au *Modèle n° 35.*

Ces bordereaux se composent de deux tableaux.

Le tableau de gauche présente la situation sommaire par chapitre, au dernier jour du mois, des dépenses faites, des ordonnances délivrées et des mandats émis pour tous les services du département.

Le tableau de droite donne la décomposition, par service, du total des dépenses, des ordonnances et des mandats. Les chiffres portés dans les trois colonnes de ce tableau doivent reproduire les totaux analogues des situations mensuelles remises par les divers chefs de service.

De plus, les totaux des trois colonnes de chacun des deux tableaux doivent être semblables.

Un bordereau mensuel spécial doit être produit pour les travaux extraordinaires.

Art. 60.

Le présent règlement sera exécutoire à partir du 1er janvier 1850.

Art. 61 et dernier.

Sont et demeurent abrogées toutes dispositions contraires à celles du présent règlement.

Arrêté à Paris, le 28 septembre 1849.

Le Ministre des travaux publics,

Signé **T. LACROSSE.**

Approuvé :

Signé **LOUIS-NAPOLÉON BONAPARTE.**

Par le Président de la République :
Le Ministre des travaux publics,
T. LACROSSE.

MINISTÈRE
DES
TRAVAUX PUBLICS.

DIVISION
DE LA COMPTABILITÉ.

Envoi du Règlement spécial
sur la comptabilité du ministère
des travaux publics, en date du
28 septembre 1849.

CIRCULAIRE
N° 23.

Paris, le 30 octobre 1849.

Le Ministre des travaux publics,

A MM. les Préfets des départements.

Monsieur le Préfet, les articles qui concernent les écritures des ingénieurs, dans le règlement du 16 septembre 1843, sur la comptabilité du ministère des travaux publics, ne font que reproduire les dispositions des circulaires de 1823 (25 janvier, 13 mars et 17 décembre). A l'époque où ces circulaires ont été rédigées, l'Administration était préoccupée exclusivement de la nécessité d'obtenir des divers chefs de service les documents dont elle avait besoin pour établir les écritures de sa comptabilité centrale et les comptes d'exercice à présenter aux chambres, d'après le système nouveau dont les bases venaient d'être posées par l'ordonnance du 14 septembre 1822. Elle s'est donc bornée à déterminer la nomenclature et la forme des comptes destinés à atteindre ce but, sans rien prescrire à l'égard des écritures élémentaires qui doivent constater les dépenses.

En l'absence de règles précises tracées par l'Administration, les ingénieurs ont continué à suivre, pour ces écritures élémentaires, le mode qui leur paraissait le plus convenable, et se sont bornés, soit à pratiquer le système établi par leurs prédécesseurs, soit à y introduire les modifications qu'ils croyaient nécessaires.

Chacun de ces fonctionnaires n'opérant que d'après ses propres idées, il en est résulté une grande diversité de systèmes, et les rapports des préfets m'ont appris que, dans quelques localités, cette partie du service ne présentait pas toute la régularité désirable.

Cet état de choses ne devait pas se prolonger. Il ne suffit pas, en effet, que l'Administration centrale reçoive des divers chefs de service les états qui sont nécessaires pour établir les comptes généraux d'exercice qu'elle doit soumettre à la sanction législative. Il importe, avant tout, que ces états reposent sur une base positive et exempte de toute incertitude. Cette base doit consister nécessairement dans des écritures élémentaires tenues par les agents du service chargés de la surveillance immédiate des travaux, qui constatent les dépenses à mesure qu'elles s'effectuent, et qui soient toujours l'expression fidèle des faits. Il importe, en outre, qu'une méthode uniforme soit adoptée partout, afin que la règle unique devienne promptement familière à tous les fonctionnaires dépendant du ministère des travaux publics, et que chacun d'eux puisse, en prenant possession d'un nouveau service, diriger immédiatement, sans hésitation et avec une parfaite régularité, la tenue des écritures et toutes les opérations qui se rattachent à la comptabilité.

Pour atteindre ce double but de la sincérité des écritures élémentaires et de l'uniformité de la méthode, j'ai formulé un nouveau règlement spécial concernant la comptabilité du ministère des travaux publics. Ce règlement, qui porte la date du 28 septembre 1849, a été revêtu de la sanction de M. le Président de la République. J'ai l'honneur, Monsieur le Préfet, de vous en adresser ci-joint un exemplaire.

Je ne me suis pas borné, dans ce nouveau règlement, à déterminer le mode qui devra être suivi à l'avenir pour la tenue des écritures élémentaires des agents chargés, sur les chantiers, de la surveillance des travaux. J'ai parcouru le cercle entier des comptabilités spéciales dans tous les degrés de la hiérarchie, en commençant par celle de l'agent inférieur et en finissant par celle qui vous concerne, Monsieur le Préfet, et qui doit centraliser et résumer les résultats constatés pour tous les services ressortissant au ministère des travaux publics dans votre département. J'ai posé les règles auxquelles sera assujettie chacune de ces comptabilités, et j'ai, de plus, déterminé le nombre et la forme des comptes qui seront tenus par chaque fonctionnaire et des états qui devront être adressés périodiquement à l'Administration centrale.

Le titre Ier du règlement énonce sommairement les principes généraux sur lesquels doit reposer le système entier de la comptabilité du ministère des travaux publics. Ce système a pour base les écritures élémentaires tenues par les agents chargés de la surveillance des travaux, et, pour dernier terme, les bordereaux récapitulatifs qui doivent être dressés dans les bureaux de la préfecture.

Cette partie du règlement est terminée par deux dispositions nouvelles qui introduisent dans le service des modifications importantes.

La première de ces dispositions (article 7) a pour objet d'exonérer les préfets du soin de délivrer les mandats concernant les dépenses du service des ponts et chaussées. Les motifs qui m'ont déterminé à adopter cette mesure sont développés dans le rapport qui précède le règlement pages 36 et 37; elle aura pour résultat d'accélérer la marche des affaires sans porter atteinte à la haute surveillance que vous êtes appelé, Monsieur le Préfet, à exercer sur le service des ponts et chaussées. Vos bureaux seront déchargés du travail matériel de l'expédition des mandats; mais vous n'en resterez pas moins titulaire des *crédits de délégation, et, à ce titre, vous devrez connaître l'emploi que les ingénieurs des ponts et chaussées feront des ordonnances qui leur seront sous-déléguées.*

Il ne m'a point paru nécessaire d'adopter la même modification pour le service des mines, qui ne comporte qu'un très-petit nombre de mandats, et dont les dépenses ne concernent, en général, que les charges du personnel.

Les mandats qu'il pourra y avoir lieu d'expédier, dans votre département, pour le service des bâtiments civils, continueront aussi à être délivrés par vos soins.

L'article 8, qui termine le titre 1er, délègue aux préfets l'approbation de diverses dépenses qui, aujourd'hui, doivent être soumises à l'autorisation ministérielle. J'ai pensé que le moment était venu de satisfaire, dans une certaine mesure, au vœu si souvent exprimé de laisser à l'autorité locale le soin de régler directement les affaires d'une médiocre importance et de réserver l'action de l'Administration supérieure pour les cas où son intervention est absolument nécessaire. La faculté qui vous est conférée, Monsieur le Préfet, par l'article dont il s'agit, ne peut manquer de produire de bons résultats, en supprimant une correspondance minutieuse et souvent sans intérêt réel, et en amenant, par conséquent, une plus prompte expédition des affaires.

Je terminerai, Monsieur le Préfet, en appelant votre attention toute particulière sur l'article 59 du nouveau règlement. Cet article a pour objet d'établir une concordance parfaite entre les résultats consignés par les divers chefs de service dans les situations qu'ils ont à vous remettre chaque mois pour être transmises au ministère des travaux publics, et les chiffres sommaires que vous devez porter sur les bordereaux récapitulatifs, dont l'envoi est prescrit par les articles 256 et 257 de l'ordonnance du 31 mai 1838 : c'est pour atteindre ce but que la forme de ces bordereaux a été modifiée. A partir du 1er janvier 1850, ils devront être dressés conformément au modèle n° 35, annexé au règlement.

Recevez, Monsieur le Préfet, l'assurance de ma considération la plus distinguée.

Le Ministre des travaux publics,

T. LACROSSE.

MINISTÈRE
TRAVAUX PUBLICS.

DIVISION
DE LA COMPTABILITÉ.

Envoi du Règlement spécial
sur la comptabilité du ministère
des travaux publics, en date du
28 septembre 1849.

CIRCULAIRE
n° 24.

Paris, le 29 novembre 1849.

Le Ministre des travaux publics,

A MM. les Ingénieurs en chef des ponts et chaussées.

Monsieur l'Ingénieur en chef, l'arrêté du 28 septembre 1849 modifie la comptabilité du service des ponts et chaussées, en soumettant à des règles uniformes les écritures élémentaires, celles qui constatent les faits de dépense à mesure qu'ils se produisent, et en y rattachant, par des liens toujours faciles à saisir, les diverses pièces destinées à résumer, justifier et faire payer les dépenses. Après avoir consacré d'importantes simplifications en ce qui concerne la délivrance des mandats et l'approbation de certaines dépenses, le nouveau règlement détermine les conditions auxquelles devra désormais satisfaire la comptabilité du conducteur chargé de la surveillance des travaux; enfin il modifie les écritures de l'ingénieur ordinaire et celles de l'ingénieur en chef. Il est essentiel que ces dispositions soient ponctuellement observées dans les trois degrés de la hiérarchie de chaque service; je vais, à cet effet, y ajouter quelques développements.

COMPTABILITÉ DU CONDUCTEUR.

C'est dans la comptabilité du conducteur qu'ont le plus manqué, jusqu'à présent, les méthodes régulières, et que l'on innovera davantage en exigeant l'uniformité. Il est dans la nature même des choses que ces agents, qui surveillent l'exécution des ouvrages, constatent les faits de dépense dont ils sont témoins et responsables, et qu'ils fournissent à l'ingénieur ordinaire, sous cette responsabilité auxiliaire de la sienne, les éléments des pièces destinées à justifier l'emploi des fonds de l'État. Les conducteurs ont donc à satisfaire à la double obligation d'enregistrer, d'une manière authentique, toutes les dépenses du service dont ils sont chargés, et d'en rendre compte suivant les formes qu'exigent la division des crédits et les diverses natures des ouvrages exécutés. Il faut obtenir l'accomplissement de cette double obligation, sans multiplier les écritures au point de nuire à la surveillance des ateliers.

Quoique les formules préparées dans ce but soient au nombre de treize, les constatations et es productions claires et méthodiques que le conducteur y fera figurer ne coûteront pas plus de temps que les procédés, si divers et souvent si incomplets, auxquels on a eu jusqu'à présent recours.

Journal ou carnet d'attachements. (Modèle n° 1.)

La formule n° 1 est, de toutes, la plus importante; c'est le journal ou carnet d'attachements du conducteur, sur lequel cet agent doit inscrire, chaque jour, les dépenses faites dans sa subdivision.

Pour que les conducteurs soient bien pénétrés des principes qui doivent les diriger dans la tenue de leur carnet, on a transcrit sur la première page de ce carnet les articles 9, 10 et 11 du règlement.

Les inscriptions auront lieu au moment même où les dépenses seront reconnues et en présence des ouvrages exécutés ; on y ajoutera des croquis exactement cotés, toutes les fois que cela pourra être utile à la rédaction et à la justification ultérieure des métrés.

Il est indispensable que les conducteurs s'appliquent et parviennent à vaincre les difficultés qu'ils trouveront d'abord dans ce mode d'inscription ; on ne peut, en effet, admettre que le carnet soit tenu, non sur les faits eux-mêmes, mais sur des notes transcrites à intervalles plus ou moins longs, avec les chances d'erreurs et d'omissions qui dérivent de ces copies, loin des lieux où les faits se sont accomplis. L'habitude du carnet unique et universel, en ce qui concerne les constatations d'ouvrages et de dépenses, se prendra, du reste, d'autant plus facilement que les qualités essentielles de ce journal résideront dans l'ordre, l'exactitude et la clarté des écritures, et que l'on ne tiendra pas compte des quelques avaries qu'y causeront peut-être les voyages sur les ateliers.

Lorsque le conducteur fournira des pièces auxiliaires séparées, telles que métrés, procès-verbaux de réception, feuilles de journées, etc. il n'aura pas besoin d'enregistrer sur son carnet les détails que ces pièces contiendront ; il se bornera, dans ce cas, à résumer, dans l'article libellé sur la page de gauche, la dépense faite, sa nature, son montant, etc. et à renvoyer, par une annotation sur la page de droite, à la pièce qui en justifie d'une manière détaillée.

On remarquera, quant aux travaux neufs, que l'inscription des métrés mensuels n'a pas le caractère définitif qui lui est propre en d'autres circonstances ; ces métrés, en effet, dont le but est de faire obtenir des à-compte aux entrepreneurs, ne sont que des constatations provisoires que remplacent les métrés suivants ; leur inscription au carnet est donc seulement la note de la situation, à la date indiquée, de l'entreprise dont il s'agit. La même observation est applicable à l'inscription d'approvisionnements de matériaux non encore reçus.

C'est, du reste, dans les travaux neufs, dont le décompte n'est parfois définitivement réglé qu'au bout de plusieurs années, qu'il est tout spécialement essentiel de n'omettre sur le carnet aucun des renseignements et des croquis utiles au règlement ultérieur des sommes dues aux entrepreneurs.

Les inscriptions de fournitures de matériaux et d'ouvrages exécutés ne comprennent point nécessairement les prix et les évaluations en argent des dépenses qui en résultent ; il faut et il suffit que l'on consigne les faits propres à rendre ultérieurement ces calculs sûrs et faciles.

Lorsque l'ingénieur ordinaire aura modifié quelques éléments de la comptabilité produite par le conducteur, les corrections que celui-ci sera ainsi forcé de faire dans les articles précédemment portés sur son carnet seront écrites à l'encre rouge, et de manière à laisser aussi apparentes que possible les premières écritures qui y figuraient.

Les piqueurs et surveillants d'ateliers tiendront des carnets auxiliaires, dont les résultats seront relevés sur le carnet du conducteur. Celui-ci vérifiera soigneusement ces résultats avant de se les approprier; il ajoutera, d'ailleurs, au libellé des divers articles tous les renseignements propres à leur donner une clarté complète.

Les carnets seront fréquemment visés par les ingénieurs, dans le but de constater que leur tenue ne laisse rien à désirer; on doit obtenir le plus tôt possible, à cet égard, l'uniformité des procédés, quelle que puisse être la variété des natures de dépenses.

Livret de caisse destiné aux régisseurs comptables. (Modèle n° 1 bis.)

La formule n° 1 bis est destinée au livret de caisse des régisseurs comptables; l'article 12 du règlement indique son usage. Lorsqu'une régie est indispensable, il est du devoir des ingénieurs d'en surveiller incessamment la gestion, et de procéder fréquemment à la vérification de la caisse du régisseur. Le livret n° 1 bis facilitera cette opération; l'ingénieur y constatera sommairement les résultats qu'elle aura produits. Lorsqu'un livret sera rempli, on le déposera, comme le carnet d'attachements, au bureau de l'ingénieur, après que ce fonctionnaire et le conducteur l'auront signé ne varietur.

Feuille d'attachements de journées. (Modèle n° 2.)

La formule n° 2 servira à marquer les journées des ouvriers employés en régie au compte direct de l'Administration; elle devra être souvent vérifiée et visée par le conducteur. Les surveillants seront soumis, pour la tenue de cette feuille, à des règles uniformes, surtout en ce qui concerne la manière de pointer les absents à chaque reprise de travail. Il faut, en effet, qu'un conducteur puisse toujours, en arrivant à l'improviste sur un atelier, vérifier qu'il y a concordance entre la feuille et l'effectif des travailleurs.

Procès-verbal de réception de matériaux. (Modèle n° 3.)

Le modèle n° 3 est applicable aux réceptions des matériaux d'entretien. Quoique l'ingénieur ordinaire préside à ces réceptions, le procès-verbal qui en est rédigé fait partie de la comptabilité du conducteur, parce que cet agent, qui intervient nécessairement dans l'opération, en inscrit aussitôt les résultats dans ses écritures, et les reproduit à la fin du mois à l'ingénieur.

Feuille d'attachements des repiquages des chaussées pavées. (Modèle n° 4.)

La feuille n° 4 est employée dans un certain nombre de départements pour faire constater, par les surveillants des ateliers de repiquages des chaussées pavées, contradictoirement avec les commis de l'entrepreneur, les matériaux arrachés et les matériaux neufs employés pour ce travail. Ce modèle paraît pouvoir être généralisé, en laissant aux ingénieurs le soin de remplir, suivant les prescriptions des devis, les têtes des colonnes destinées à recevoir l'indication des matériaux arrachés et des matériaux neufs.

Sommier du conducteur. (Modèle n° 5.)

Les inscriptions au journal, ne suivant d'autre ordre que l'ordre chronologique, chaque conducteur est dans la nécessité de dépouiller ce journal en classant les ouvrages et les dépenses d'après leur nature et les crédits qui s'y appliquent. Ce dépouillement méthodique s'opère sur un registre qui a reçu le nom de sommier.

Chaque article du journal est transporté sur le sommier avec son numéro, et y reçoit le numéro d'ordre du sommier, lequel est, au même moment, reporté sur le journal, comme preuve de la transcription opérée. L'exactitude du dépouillement pourra, de cette manière, être vérifiée à l'aide d'un pointage; il sera, en outre, facile à l'ingénieur de reconnaître, à la simple inspection des carnets, si le conducteur tient son sommier au courant.

Dans chaque compte ouvert, les matériaux fournis et les travaux exécutés par un entrepreneur seront distribués dans des colonnes verticales au haut desquelles on en écrira la désignation et le prix; les quantités seules seront enregistrées, telles qu'on les extraira du journal, en définissant, d'ailleurs, chaque article dans la colonne intitulée Indication des travaux. A la fin du mois, ou plus fréquemment, s'il en est besoin, on totalisera les colonnes de quantités, et, en y appliquant les prix, on y établira la situation financière de l'entreprise.

Les conducteurs tiendront constamment leurs sommiers à jour; ils y trouveront ainsi, à toute époque, et avec certitude de ne rien omettre, les éléments des pièces de comptabilité qu'ils auront à produire.

Si, pour un service spécial, les conducteurs résident tous sur le même point que l'ingénieur dont ils dépendent et ont avec lui des relations continuelles, cet ingénieur préférera peut-être dépouiller lui-même les carnets, et introduire, sans l'intermédiaire des sommiers, dans sa propre comptabilité les faits de dépense constatés par les agents secondaires : cette méthode, qui est celle du génie militaire, a paru, après un mûr examen, ne pouvoir être que très-rarement appliquée au service des ponts et chaussées; on n'en fera donc usage, même dans le cas qui précède, que si l'Administration supérieure le permet, sur une proposition motivée de l'ingénieur en chef.

Travaux en régie à la tâche. (Modèle n° 6.)

L'état des travaux en régie à la tâche, formule n° 6, ne donne lieu à aucune observation; cette pièce doit recevoir à la fois le métré et le décompte de ces travaux, ainsi que les acquits des tâcherons; elle concourt, après avoir été sommairement enregistrée au journal, à justifier l'emploi des avances de fonds faites au régisseur.

Mémoire de fournitures. (Modèle n° 6 bis.)

Le modèle n° 6 bis a pour but de rendre uniformes les mémoires des fournitures qu'exige l'exécution des travaux.

Décompte des cantonniers, gardes, éclusiers, etc. (*Modèle n° 7.*)

Tout conducteur attaché à un service d'entretien présente, sur la formule n° 7, pour chaque mois, et par crédit, le décompte des sommes dues aux cantonniers, gardes, éclusiers et autres agents inférieurs employés dans sa subdivision.

États de situation mensuelle. (*Modèles n° 8, 8 bis et 9.*)

Les situations mensuelles des travaux et dépenses de toute nature, par route ou par entreprise, sont établies à l'aide des formules n° 8, 8 bis et 9; le conducteur y reproduit, en les récapitulant, les articles de son sommier. Les formules n° 8 et 8 bis servent aux travaux d'entretien, la première pour une route, et la seconde pour tout autre ouvrage; la formule n° 9 reçoit la situation détaillée des travaux neufs ou de grosses réparations.

Ces formules font connaître les sommes dues à l'entrepreneur :

1° Pour fournitures et ouvrages exécutés;

2° Pour dépenses diverses;

3° Pour approvisionnements non encore reçus.

Les dépenses en régie sont récapitulées à la quatrième page, au bas de laquelle se trouve la comparaison entre le crédit et les dépenses faites.

Métrés détaillés à joindre aux états de situation mensuelle. (*Modèle annexe n° 8, 8 bis et 9.*)

Les métrés détaillés à joindre, pour certains ouvrages, aux états n° 8, 8 bis et 9, seront rédigés sur la formule annexe 8, 8 bis et 9.

Bordereau détaillé. (*Modèle n° 10.*)

Ces états et les pièces qui les justifient (formules n° 2, 3, 4, 6, 7, 8, 8 bis et 9) seront adressés, avant le 5 de chaque mois, par le conducteur à l'ingénieur ordinaire, accompagnés d'un bordereau détaillé, modèle n° 10.

Ces productions forment le tribut mensuel de la comptabilité du conducteur; en établissant et justifiant les faits de dépense accomplis, elles donnent toujours le moyen de remonter à l'origine de ces faits et à leur constatation chronologique; les numéros du journal d'attachements sont, à cet effet, inséparables des articles auxquels ils appartiennent.

COMPTABILITÉ DE L'INGÉNIEUR ORDINAIRE.

L'ordre introduit dans la comptabilité du conducteur se reproduira dans celle de l'ingénieur chargé de coordonner les éléments qui lui sont fournis; ce fonctionnaire ne manquera désormais d'aucun moyen de vérifier leur exactitude, ainsi que les motifs qui les justifient; sa responsabilité, assise sur des bases devenues plus solides, deviendra elle-même plus complète, et, en même temps que ses écritures seront simplifiées, ses propositions acquerront une importance qui leur a manqué jusqu'à présent.

L'article 7 du nouveau règlement ayant en effet délégué aux ingénieurs en chef le soin, qui était réservé aux préfets, de mandater le payement des dépenses du service des ponts et chaussées, les ingénieurs ordinaires feront dorénavant les propositions qui étaient réservées aux ingénieurs en chef; un meilleur système dans la constatation des dépenses aura ainsi pour résultat d'élever la mission des ingénieurs de tout grade.

Lorsque, le 5 de chaque mois, l'ingénieur aura reçu les pièces que lui doivent les conducteurs placés sous ses ordres, et que les résultats, dûment rectifiés, s'il y a lieu, en auront été introduits dans sa comptabilité, il remettra ces pièces aux conducteurs, afin que ces agents y conforment leurs écritures et en fassent ensuite le renvoi. Il y aura, de cette manière, concordance permanente entre les diverses comptabilités.

Décompte des salaires des cantonniers, gardes, etc. et des ouvriers en régie. (Modèles n°s 11 et 12.)

L'ingénieur ordinaire rédigera, en résumant les éléments transmis par les conducteurs, les états n°s 11 et 12 des salaires dus aux cantonniers, gardes, éclusiers et aux ouvriers employés en régie. Cette partie de la comptabilité lui a été réservée, parce que c'est à lui qu'il appartient de régler le taux des salaires, parce qu'en outre il n'en est pas où une surveillance attentive et incessante soit plus indispensable pour prévenir toute erreur, tout abus; il convenait donc de lier ici d'une manière étroite à la responsabilité des conducteurs celle de l'ingénieur qui a prescrit l'emploi des ouvriers, fixé les prix et vérifié les décomptes partiels.

Livre de comptabilité de l'ingénieur ordinaire (Modèle n° 13.)

Le livre de comptabilité de l'ingénieur ordinaire offre quelques nouveaux développements nécessités par l'attribution à ce fonctionnaire de la délivrance des certificats pour payement des dépenses de son service. La sous-répartition des crédits, la série des comptes ouverts et le compte des fonds ordonnancés sont suivis du journal d'inscription des certificats délivrés par l'ingénieur ordinaire, et de la série des comptes récapitulatifs, par chapitre, des dépenses faites et des mandats délivrés par l'ingénieur en chef.

Les comptes ouverts aux divers articles de la sous-répartition se remplissent à l'aide des états mensuels n°s 8, 8 bis et 9, fournis par les conducteurs; la même page contient les douze mois de l'année et donne les totaux, en quantités et en argent, pour chaque mois, des dépenses de toute nature; on résume à la fin de l'année par des additions, dans le sens horizontal, les dépenses faites pour chaque article, et l'on trouve dans ces totaux généraux la vérification de la somme des résultats partiels obtenus pour les douze mois.

La même forme de tableau est applicable aux travaux à l'entreprise et aux travaux en régie, 1re et 2e catégorie; tous les faits de dépense s'y trouvent enregistrés avec détail et de manière que l'on puisse remonter à leur constatation primitive, qui est l'inscription au journal du conducteur. Les comptes récapitulatifs mettent en regard des dépenses établies par les comptes ouverts les mandats délivrés par l'ingénieur en chef, et font ainsi connaître la situation de l'État envers ses créanciers pour l'emploi de chaque crédit.

État mensuel des dépenses à la fin de chaque mois. (Modèle n° 14.)

L'ingénieur ordinaire doit envoyer à l'ingénieur en chef, avant le 9 de chaque mois, l'état sommaire des dépenses de son service avec les pièces dressées sur les formules n° 11 et 12; cet état présentera les faits consignés au livre de comptabilité, et indiquera, par aperçu, les dépenses à faire dans les deux mois suivants; on y ajoutera, d'une manière suffisamment détaillée, les renseignements et observations relatifs à la marche des travaux, et l'on évitera ainsi, à moins de circonstances exceptionnelles, la rédaction d'un compte moral séparé.

Procès-verbaux de réception provisoire et définitive. (Modèles n° 15 et 15 bis.)

Les formules n° 15 et 15 bis sont celles des procès-verbaux de réception provisoire ou définitive; la formule n° 15 bis est accompagnée du décompte définitif des ouvrages exécutés et des dépenses faites.

Certificats pour payement. (Modèles n° 16, 16 bis et 17.)

Les formules n° 16, 16 bis et 17 sont destinées aux certificats pour payement que l'ingénieur ordinaire est désormais appelé à rédiger. S'il s'agit d'un à-compte à un entrepreneur, le certificat n° 16 sera accompagné du décompte n° 16 bis, et cette dernière pièce sera conservée par l'ingénieur en chef; si, les travaux étant achevés, il faut les solder, le procès-verbal de réception définitive et le décompte définitif, formule n° 15 bis, seront substitués au décompte provisoire n° 16 bis et produits au payeur à l'appui du mandat.

L'ingénieur ordinaire insérera dans le libellé du certificat n° 16 la récapitulation, par masses, des dépenses détaillées au décompte que conserve l'ingénieur en chef; ce résumé des droits régulièrement constatés est, en effet, nécessaire pour motiver la sortie des fonds du trésor.

Certificat pour payement à toute autre personne qu'un entrepreneur. (Modèle n° 17.)

Pour les propositions de payement à toute autre personne qu'un entrepreneur, l'ingénieur ordinaire remplira, suivant les divers cas, la formule n° 17; la collection de modèles ci-jointe offre à cet égard deux exemples, l'un pour une indemnité de terrain due à un propriétaire, l'autre pour une avance de fonds à faire à un régisseur; l'ingénieur n'oubliera pas que les certificats pour payement engagent à un haut degré sa responsabilité : il n'est donc pas besoin d'insister sur le soin et les précautions qu'ils exigent.

Bordereau des pièces remises au payeur pour justifier l'emploi d'une avance de fonds. (Modèle n° 18.)

Le bordereau, formule n° 18, des pièces remises au payeur pour justifier l'emploi d'une avance faite à un régisseur, ne provoque aucune observation.

État trimestriel des indemnités et dépenses diverses. (Modèle n° 19.)

L'article 8 du nouveau règlement autorise, dans certaines limites, les préfets à approuver les propositions des ingénieurs en chef relatives aux acquisitions d'immeubles, indemnités, frais accessoires, loyers de magasins, terrains, etc. et secours aux ouvriers blessés; il ne sera, du reste, rien changé aux formes ni à la marche suivies pour le règlement de ces sortes de dépenses. Lorsque les

préfets n'adopteront pas les propositions des ingénieurs en chef, ils les soumet-
tront, avec leur avis, à l'Administration supérieure, qui statuera.

L'ingénieur ordinaire présentera, à la fin de chaque trimestre, et au moyen
de la formule n° 19, la récapitulation de ces indemnités et dépenses, en ce qui
concerne le service dont il est chargé.

Situation définitive des crédits et des dépenses au 31 décembre. (*Modèle n° 20.*)

Les états de situation définitive dressés pour chaque exercice donnent lieu aujourd'hui à de longues écritures, parce que l'on y reproduit tous les détails des
ouvrages exécutés et des dépenses faites; on réduira désormais ce travail à des
proportions beaucoup moindres: il suffira, en effet, pour chaque article de la
sous-répartition, de faire connaître, à l'aide de la formule n° 20, la nature et
le montant des dépenses autorisées, les crédits ouverts, les dépenses faites, les
mandats délivrés, en indiquant l'adjudication passée ou la décision approbative,
le rabais obtenu, les noms des parties prenantes, les portions de crédits annu-
lées et la situation de l'entreprise; on mentionnera, dans la colonne d'observations, les clauses particulières des marchés, et, si une régie a été établie au
compte de l'adjudicataire, on fera connaître le résultat financier de ce mode de
gestion. Ces renseignements étant sommairement produits, la rédaction de l'état
n° 20 coûtera d'autant moins de temps et de peine que cet état ne sera qu'un
extrait récapitulatif du livre de comptabilité de l'ingénieur ordinaire. On doit
donc être assuré que désormais les situations définitives des dépenses des deux
catégories du service ordinaire et celles des travaux extraordinaires seront
remises à l'ingénieur en chef à l'époque prescrite, c'est-à-dire avant le 15 mars;
l'exactitude de cet envoi et le soin avec lequel les faits seront décrits dans les
colonnes du nouvel état justifieront, en la préservant de tout inconvénient, la
simplification introduite dans cette partie de la comptabilité.

Décomptes de fin d'année à
notifier aux entrepreneurs.

Les entrepreneurs n'étant plus appelés à connaître et à signer l'état n° 20,
il a paru indispensable de faire dresser séparément les décomptes de leurs entreprises à la date du 31 décembre et de les leur notifier, avec délai de dix jours
pour la production de leurs observations à l'ingénieur en chef. Par cette mesure, les entrepreneurs auront sous les yeux, à la fin de l'année, des renseignements précis que trop souvent ils ignorent, et il n'en résultera point d'aggra-
vation de travail pour l'ingénieur ordinaire, puisqu'il lui suffira de faire copier,
pour chaque entreprise, le décompte joint au dernier certificat pour payement
qu'il a délivré en fin d'exercice.

Les décomptes seront adressés à l'ingénieur en chef en même temps qu'on
les notifiera aux entrepreneurs; ces notifications seront terminées avant le
1er mars.

Une grande régularité est indispensable dans l'application de ces dispositions ; les *intérêts des tiers qui y sont engagés rendent, en effet, toute négligence impossible.*

COMPTABILITÉ DE L'INGÉNIEUR EN CHEF.

Livre de comptabilité de l'ingénieur en chef. (*Modèle n° 21.*)

L'article 7 du nouveau règlement, qui charge l'ingénieur en chef de mandater le payement des dépenses de son service, a pour conséquence de modifier profondément la tenue des écritures de ce fonctionnaire. L'article 37 indique comment, dans ce nouveau système, le livre de comptabilité sera composé, et la formule n° 21 présente les divisions et subdivisions de ce livre. L'intelligence en est facile ; quatre parties principales y figurent, les crédits, les dépenses, les ordonnances de fonds et les mandats délivrés. Les crédits généraux sont inscrits au premier tableau A, et distribués entre les divers services d'ingénieurs, tableau B, puis sous-répartis par article, avec indication de la nature de la dépense et de l'ingénieur qui en est chargé, tableau C.

Les dépenses que les états mensuels des ingénieurs ordinaires font connaître sont consignées, à la fin de chaque mois, sur le tableau D, par route, pont, rivière, etc.; elles le sont, en même temps, par chapitre du budget et par service d'ingénieur, sur l'état E, où l'on inscrit aussi les mandats délivrés, de telle sorte que, par la comparaison entre les dépenses et les payements, l'on puisse apprécier comment doivent être réparties, entre les chapitres et les services, les ordonnances de fonds annoncées.

Ces ordonnances et leur distribution sont enregistrées sur le tableau F. Le journal d'inscription des mandats délivrés, tableau G, se substitue à celui des certificats pour payement que tenait l'ingénieur en chef, et, pour que la situation de l'emploi des fonds soit complétement établie, les mandats sont récapitulés, par service d'ingénieur, sur le tableau H ; les résultats de ces différents tableaux se vérifient mutuellement.

Registre des comptes ouverts. (*Modèles n°* 22 *et* 22 bis.)

Les comptes ouverts à chacun des articles de la sous-répartition, modèle n° 22, forment un registre séparé du livre de comptabilité, parce que celui-ci n'est établi que pour une année, tandis que le premier comprend des entreprises d'une plus longue durée, et ne se remplace que lorsqu'il est rempli. La page de gauche recevra les renseignements relatifs aux dates, aux dépenses et aux crédits, en ce qui concerne les entreprises ; ces indications sont formulées par des tableaux à colonnes, afin qu'elles soient partout inscrites de la même manière.

Pour les dépenses du personnel, les comptes ouverts sont tenus, par chapitre, dans la forme dont le modèle n° 22 bis indique les dispositions.

Situation mensuelle et état continuatif. (*Modèles n°° 23 et 24.*)

Les modèles n°° 23 et 24 de l'état sommaire des crédits et des dépenses, par article de la sous-répartition et de l'état continuatif des crédits, dépenses, ordonnances et mandats, n'ont besoin d'aucune explication ; ce sont, avec quelques simplifications, les pièces actuellement en usage.

Certificat pour payement des dépenses du personnel. (*Modèle n° 25.*)

L'ingénieur en chef continuera de dresser, pour chaque mois, les états des appointements dus aux ingénieurs et conducteurs employés dans le service qu'il dirige, formule n° 25, et ces pièces seront, comme par le passé, produites au payeur à l'appui des mandats de payement.

Mandatement.

Les règles prescrites par le règlement du 16 septembre 1843, pour la délivrance des mandats de payement, continueront d'être fidèlement observées, l'ingénieur en chef étant substitué au préfet comme ordonnateur secondaire. Si l'ingénieur en chef est absent, les mandats seront signés par l'ingénieur délégué pour le remplacer.

Mandats ; avis donné aux ingénieurs ordinaires.
Bordereau journalier des mandats émis. (*Modèles n°° 26, 27 et 28.*)

Les mandats seront dressés conformément au modèle n° 26 ; l'ingénieur en chef en donnera avis aux ingénieurs qui ont fait les propositions de payement, par un bulletin, modèle n° 27 ; il adressera, chaque jour, au payeur, le bordereau par exercice, formule n° 28, des mandats émis, et y joindra les pièces justificatives. La remise des mandats aux ayants droit s'opérera, d'ailleurs, par l'ingénieur en chef ou par les ingénieurs ordinaires, avec les précautions qu'indique le règlement de 1843.

Refus de payement par un payeur.

En cas de refus par un payeur de payer un mandat délivré sur sa caisse, l'ingénieur en chef peut, usant du droit conféré à l'ordonnateur par l'article 88 du règlement de 1843, requérir, par écrit, sous sa responsabilité et à la condition d'en rendre immédiatement compte au ministre, qu'il soit passé outre au payement ; le payeur alors y procède sans délai. L'ingénieur en chef, toutefois, n'aura recours à cette mesure que si elle est justifiée par l'urgence ; il sera préférable, s'il n'y a pas urgence, qu'il défère à l'Administration supérieure les difficultés que le payeur élève ; il évitera par là d'engager sa responsabilité.

Bordereau mensuel des mandats émis. (*Modèle n° 29.*)

L'ingénieur en chef rendra compte, chaque mois, au préfet, des mandats par lui délivrés (modèle n° 29), et établira, à la fin du bordereau détaillé, le total de ses mandats depuis le commencement de l'exercice. C'est en réunissant les bordereaux fournis par les divers services d'ingénieur en chef, s'il y en a plusieurs dans son département, que le préfet composera la situation mensuelle, par chapitre, des dépenses, des ordonnances et des mandats imputés sur les crédits de l'exercice, situation qu'il doit envoyer, chaque mois, au ministère des travaux publics.

Étals trimestriels des dépenses du personnel. (*Modèles n°s 30 et 30 bis.*)

L'article 44 du nouveau règlement est relatif aux états trimestriels des dépenses du personnel assujetti à la retenue pour la caisse des retraites, et de celles du personnel qui en est exempt. (*Modèles n°s 30 et 30 bis.*)

Situation définitive, au 31 décembre, des dépenses dont l'ingénieur en chef rend personnellement compte. (*Modèle n° 31.*)

L'état de situation définitive, au 31 décembre, des dépenses dont l'ingénieur en chef rend personnellement compte, sera non moins simplifié que l'état analogue dressé par l'ingénieur ordinaire. On se bornera, en effet (modèle n° 31), à récapituler ces dépenses par masses avec rappel des décisions qui les ont autorisées. Ce résumé pourra suffire à l'Administration centrale, parce que les détails lui en auront été successivement fournis dans le courant de l'exercice.

Situation définitive, au 31 décembre, des crédits et des dépenses. (*Modèle n° 32.*)

Dans l'état modèle n° 32, l'ingénieur en chef résumera la situation, au 31 décembre, des crédits et des dépenses de son service, à l'aide des situations partielles dressées tant par les ingénieurs ordinaires que par lui-même. Après avoir rappelé les crédits généraux par chapitre, il présentera leur subdivision par article, ainsi que les dépenses imputables sur les fonds de l'exercice; puis il récapitulera les crédits et dépenses par chapitre, en indiquant les retenues pour garantie.

Les formules qui complètent la collection (modèles n°s 33, 34, A et B) existent déjà, à quelques différences près, et n'exigent ici aucune explication.

Le règlement du 28 septembre est exécutoire à partir du 1er janvier prochain. Les payements de l'exercice 1849 s'achèveront toutefois suivant le mode actuel.

Je ne crois pas avoir besoin, Monsieur, de vous recommander, en terminant cette instruction, l'observation attentive des nouvelles règles auxquelles la comptabilité va être soumise; vous y reconnaîtrez, à la fois, des améliorations réelles et une nouvelle preuve de l'estime et de la confiance que le Gouvernement accorde aux ingénieurs. Assujettir tous les faits de dépenses à des enregistrements primordiaux dont la forme et l'enchaînement assurent l'authenticité, et relier méthodiquement à cette origine les reproductions successives de ces faits, c'est donner à la comptabilité des bases qui lui manquaient; supprimer pour un certain nombre de cas la nécessité d'une décision ministérielle, et abréger les développements des pièces à produire, c'est rendre la marche des affaires plus rapide, et réserver aux ingénieurs plus de temps pour l'étude et l'exécution des travaux; enfin élever la responsabilité des fonctions, c'est élever les fonctionnaires eux-mêmes, et, sous ce rapport, les avantages du nouveau *règlement vous apparaîtront avec évidence dans les divers degrés de la hiérarchie. Ces dispositions n'auront assurément que d'heureuses conséquences ; elles ne profiteront pas seulement à la comptabilité, mais aux autres parties du service, dont elles rendront la surveillance plus facile et plus complète.*

Recevez, Monsieur l'Ingénieur en chef, l'assurance de ma considération très-distinguée.

Le Ministre des travaux publics,
BINEAU.

MODÈLES.

MODÈLES

POUR LE SERVICE DES PONTS ET CHAUSSÉES

ET POUR LA COMPTABILITÉ DES PRÉFETS.

COMPTABILITÉ DU CONDUCTEUR.

1.   Journal ou carnet d'attachements.
1 *bis*. Livret de caisse destiné aux régisseurs comptables.
2.   Feuille d'attachements des journées.
3.   Procès-verbal de réception de matériaux.
4.   Feuille d'attachements des repiquages des chaussées pavées.
5.   Sommier du conducteur.
6.   État des travaux en régie exécutés à la tâche.
6 *bis*. Mémoire de fournitures.
7.   Décompte des cantonniers.
8.   Situation mensuelle des travaux d'entretien des routes.
8 *bis*. Situation mensuelle des travaux d'entretien des autres ouvrages.
9.   Situation mensuelle des travaux neufs et de grosses réparations.
Annexe 8, 8 *bis* et 9. Métré détaillé des travaux.
10.   Bordereau des pièces envoyées à l'ingénieur.

COMPTABILITÉ DE L'INGÉNIEUR ORDINAIRE.

11.   Décompte des salaires des cantonniers, éclusiers, etc.
12.   Rôle des journées d'ouvriers.
13.   Livre de comptabilité de l'ingénieur ordinaire.
14.   État sommaire mensuel des dépenses.
15.   Procès-verbal de réception provisoire.
15 *bis*. Procès-verbal de réception définitive.
16.   Certificat pour payement à un entrepreneur.
16 *bis*. Décompte des ouvrages exécutés et des dépenses faites.
17.   Certificat pour payement à toute autre personne qu'un entrepreneur (2 exemples).

18. Bordereau des pièces remises au payeur pour justifier l'emploi d'une avance.

19. État trimestriel des indemnités et des dépenses réglées avec l'approbation du préfet.

20. Situation définitive des crédits et des dépenses au 31 décembre.

COMPTABILITÉ DE L'INGÉNIEUR EN CHEF.

21. Livre de comptabilité de l'ingénieur en chef.

22. Registre des comptes ouverts.

22 *bis*. Comptes ouverts aux dépenses du personnel.

23. Situation mensuelle sommaire des crédits et des dépenses.

24. État continuatif mensuel.

25. Certificat pour payement du personnel.

26. Mandat de payement.

27. Bulletin annonçant la délivrance des mandats.

28. Bordereau journalier des mandats émis.

29. Bordereau mensuel des mandats émis.

30. État trimestriel des dépenses du personnel. — Agents soumis à la retenue.

30 *bis*. État trimestriel des dépenses du personnel. — Agents non soumis à la retenue.

31. Situation, au 31 décembre, des dépenses dont l'ingénieur en chef rend personnellement compte.

32. Situation définitive des crédits et des dépenses au 31 décembre.

33. État final des dépenses, des ordonnances, des mandats, des payements et des créances restant
à payer.

34. Tableau sommaire des mandats délivrés pour les entreprises durant plusieurs années.

A. Projet de budget des dépenses de chaque exercice.

B. Projet de sous-répartition des fonds du budget.

COMPTABILITÉ DES PRÉFETS.

35. Bordereau mensuel résumant la situation de tous les services.

Remis à M.   ingénieur

de l'arrondissement.

Le   185   .

L'*Ingénieur en chef,*

INSTRUCTIONS.

EXTRAIT DU RÈGLEMENT.

TITRE II.

SERVICE DES PONTS ET CHAUSSÉES.

COMPTABILITÉ DU CONDUCTEUR.

Art. 9.

Tout conducteur attaché à l'exécution des travaux tient un *journal* ou *carnet d'attachements (modèle n° 1)*, sur lequel il inscrit tous les faits de dépense, à mesure qu'ils se produisent, par ordre chronologique, sans lacune, sans classification, quels que soient les ateliers confiés à sa surveillance auxquels ces faits se rapportent.

Ce journal contient, sur la page de gauche, le libellé des opérations et leurs résultats, soit en quantités seulement, soit à la fois en quantités et en deniers, suivant les divers cas.

En regard de chaque fait, il reçoit, sur la page de droite, les croquis et l'indication des pièces dont les détails ne peuvent pas être inscrits sur le carnet, enfin les renseignements propres à justifier les quantités et les sommes portées sur la page de gauche.

Les piqueurs et surveillants placés sous les ordres du conducteur sont pourvus de carnets semblables pour les ouvrages confiés à leur surveillance.

Les résultats consignés sur les carnets des piqueurs et surveillants sont rapportés par le conducteur sur son propre journal.

N°

MODÈLE N° 1ᵉʳ. — Art. 9 du Règlement.

PONTS ET CHAUSSÉES.

DÉPARTEMENT d

ARRONDISSEMENT d

M.   CONDUCTEUR.

JOURNAL OU CARNET D'ATTACHEMENTS.

Le présent Carnet, contenant   feuillets parafés
a ·été remis à M.   le

L'Ingénieur ordinaire,

ART. 10.

Les carnets sont délivrés par l'ingénieur en chef à l'ingénieur ordinaire, qui en numérote les feuillets et les parafe par premier et dernier, avant de les remettre aux conducteurs.

Chaque agent est responsable, vis-à-vis de l'administration, de toutes les indications qu'il consigne sur son carnet et des omissions commises dans ses écritures. Il ne doit se dessaisir de ce carnet que sur l'ordre de ses chefs. Quand il cesse ses fonctions, il l'arrête et le remet à l'ingénieur.

Les carnets remplis sont visés *ne varietur* par l'ingénieur, qui les dépose dans les archives de son bureau.

Les carnets successivement remis, dans une même année, à chaque conducteur, reçoivent une série de numé os.

ART. 11.

Tout est écrit à l'encre sur les carnets.

Chaque attachement porte un numéro et est précédé de la date à laquelle il se rapporte.

Les attachements qui, par leur nature, doivent être contradictoires, reçoivent sur le carnet la signature de la partie intéressée. En cas de refus de celle-ci, le conducteur prévient aussitôt l'ingénieur.

Les dépenses qui figurent sur les carnets ne sont portées en compte qu'autant qu'elles sont ensuite admises par les ingénieurs. L'inscription sur le carnet ne constitue pas titre pour les entrepreneurs.

Le carnet est fréquemment visé par l'ingénieur.

Numéros du Journal	Compte ouvert au sommier — Numéros d'ordre	Compte ouvert au sommier — Titres	Emplacement des travaux	Noms des entrepreneurs, fournisseurs, etc.	Attachements	Quantités	Argent	Observations, croquis, renseignements de toute nature	Nombre de parties	Dimensions — Longueur	Dimensions — Largeur	Dimensions — Hauteur ou épaisseur	Surfaces, cubes ou poids — partiels	Surfaces, cubes ou poids — Totaux
1	»	Cantonniers des routes n^{ales}.	»		— Le 13 Août — Amende de ... imposée au sieur cantonnier, pour	»	P^r mémoire.	Approuvé par M. l'ingénieur, le						
2	1	Route n^{ale} n° Entretien, régie	»	Le S' à	— Le 15 Août — Fourniture de mémoire montant à	»	2^f 40^c							
3	2	Idem........	Au droit du cimetière de	Les S^{rs} tâcherons.	— Le 15 Août — Démolition de blocage, à 0.06	147.50		État envoyé à M. l'ingénieur, le Porté à la situation du						
					1re baie...............				»	20.	5.	»	100.	
					2e baie.............				»	10.	4.75	»	47.50	147.50
					Cassage et emmétrage de pierres, à 3.50.....	13.26								
					1er cordon............				»	10.	1.25	0.60	7.50	
					Répandage de pierres cassées et transport à un relais de brouette, à 0.25...............	13.26								
					2e cordon				»	8.	1.20	0.60	5.76	13.26
4	3	Route n^{ale} n° Entretien.	Entre et aux abords du nouveau ponceau...... Entre et	Le S' entrepreneur.	— Le 22 Août — PROCÈS-VERBAL DE RÉCEPTION DE MATÉRIAUX. Relevé à bout.. { Pavés...............	2,400		Envoyé à M. l'ingénieur, le Porté à la situation du						
					Routisses...............	100			4	6.00	1.25	0.60	18.00	
					Sable pour le relevé à bout..	44.25		Métré du sable pour le relevé à bout......	5	4.00	1.25	0.60	15.00	
					Repiquages. — Sable...................	27.00			3	5.00	1.25	0.60	11,25	44.25

Numéros du Journal	Compte ouvert au sommier — Numéros d'ordre	Compte ouvert au sommier — Titres	Emplacement des travaux	Noms des entrepreneurs, fournisseurs, etc.	Attachements	Quantités	Argent	Observations, croquis, renseignements de toute nature	Nombre de parties	Dimensions — Longueur	Dimensions — Largeur	Dimensions — Hauteur ou épaisseur	Surfaces, cubes ou poids — partiels	Surfaces, cubes ou poids — Totaux
5	8	Cantonniers des routes.	»	»	— Le 1er Septembre — Route nationale n° .... 203.80 n° .... 174.80 n° .... 58.50 n° .... 130.00 n° 65.00 632.10	»	632.10	État envoyé le à M. l'ingénieur						
6	4	Route n^{ale} n° Régie.	1re station......... 2e station......... 3e station.........	»	— Le 1er Septembre — Feuille d'attachement du S' 132.28 du S' 75.75 du S' 41.75 249.78	»	249.78	Envoyé à M. l'ingénieur, le Porté à la situation du						

Numéro de l'article du feuillet.	COMPTE OUVERT AU SOMMIER.		Titre.	EMPLACEMENT des travaux.	NOMS des entrepreneurs, fournisseurs, etc.	ATTACHEMENTS.	Quantités.	Argent.
	Numéro d'ordre.							
7	5		Route n° n° Entretien.	Entre et	Le Sr Entrepreneur.	—— Le 1er Septembre. ——		
						CONSTRUCTION D'UN PONCEAU.		
						Terres dures pour fouilles, jet sur berge, charge, transport à 1,000m et régalage............	38.82	
						Terres dures pour fouilles, jet sur berge, jet en remblais, régalage et pilonnage.......	2.70	
						Béton...........................	2.29	

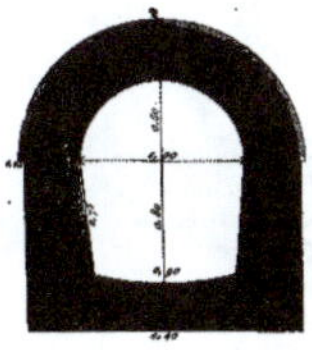

OBSERVATIONS, CROQUIS, RENSEIGNEMENTS DE TOUTE NATURE.	Nombre de parties.	DIMENSIONS.			SURFACES, cubes ou poids.	
		Longueur.	Largeur.	Hauteur ou épaisseur.	partiels.	Totaux.
TERRASSEMENTS.						
1° Déblais de terres dures.						
Corps du ponceau....	#	8.70	1.70	1.95	#	28.84
Murs de tête........	2	5.00	0.65	1.05	#	12.68
						41.52
2° Remblais.						
Le cube des déblais est de.............	#	#	#	#	#	41.52
A déduire :	#	8.70	1.70	1.10	16.27	
1° Le corps du ponceau..	1/2	8.70	#	0.85³	9.87	38.82
2° Les murs de tête.....	2	5.00	0.65	1.95	12.68	
Reste à remblayer...	#	#	#	#	#	2.70
Béton.						
Ponceau............	#	8.20	1.70	0.10		1.39
Murs de tête.......	2	5.00	0.90	0.10		0.90
						2.29

Numéro de l'article du feuillet.	COMPTE OUVERT AU SOMMIER.		Titre.	EMPLACEMENT des travaux.	NOMS des entrepreneurs, fournisseurs, etc.	ATTACHEMENTS.	Quantités.	Argent.
	Numéro d'ordre.							
7 (Suite)	5 (Suite)		Route n° n° Entretien.			CONSTRUCTION D'UN PONCEAU. (Suite.)		
						Maçonnerie de meulière.................	20.31	

OBSERVATIONS, CROQUIS, RENSEIGNEMENTS DE TOUTE NATURE.	Nombre de parties.	DIMENSIONS.			SURFACES, cubes ou poids.	
		Longueur.	Largeur.	Hauteur ou épaisseur.	partiels.	Totaux.
MAÇONNERIE DE MEULIÈRE.						
Pieds-droits entre les têtes.	2	8.45	0.375	1.00	#	6.34
Voûte...............	1/2	8.70	#	0.85³	9.87	
A déduire le vide..	1/2	8.70	#	0.50³	6.83	
Reste.....	#	#	#	#		3.04
Murs de tête........	2	5.00	0.65	1.95	12.68	
A déduire le vide du ponceau........	2	0.65	0.95	1.00		1.73
	1	0.65	#	0.50³		
Reste.....	#	#	#	#		10.93
Cube total............	#	#	#	#	#	20.31
PAREMENTS VUS.						
Pieds-droits.........	2	10.00	0.75	#	#	15.00
Voûte...............	#	10.00	#	0.50	#	15.70
Murs de tête.........						
Face............	2	3.00	1.95	#	11.70	
A reporter....					11.70	30.70

NUMÉRO du Journal.	NUMÉRO d'ordre. (COMPTE OUVERT AU SOMMIER.)	Titres.	EMPLACEMENT des travaux.	NOMS des entrepreneurs, fournisseurs, etc.	ATTACHEMENTS.	QUANTITÉS.	ARGENT.
7 (Suite)	5 (Suite)	Route n° n° Entretien. (Suite.)			CONSTRUCTION D'UN PONCEAU. (Suite.) Parements vus pour smillage et rejointoiement.	44.19	
					Chape....................	23.23	
					Pavage en mortier pour façon et fourniture de 0.03 de mortier par mètre............	9.00	
					—— Le 1er Septembre. ——		
8	6	Route n° n° Entretien.	Entre et	Le S. entrepreneur.	RELEVÉ À BOUT AUX ABORDS DU NOUVEAU PONCEAU. Relevé à bout................	260.00	
					Retaille de pavés vieux...........	1,100.00	

OBSERVATIONS, CROQUIS, RENSEIGNEMENTS DE TOUTE NATURE.	NOMBRE de parties.	DIMENSIONS Longueur.	Largeur.	Hauteur ou épaisseur.	SURFACES, valeur ou poids partielles.	Totaux.
Report.....					11.70	30.70
PAREMENTS VUS. (Suite.)						
À déduire le vide...	2	0.95	0.75		2.21	
	1		0.50'			0.49
Couronnement en hérisson	2	5.00	0.40			4.00
						44.19
Chape................		8.70		0.85		23.23
Radier.-Pavage au mortier.		10.00	0.90			9.00

NUMÉRO du Journal.	NUMÉRO d'ordre.	Titres.	EMPLACEMENT des travaux.	NOMS des entrepreneurs, fournisseurs, etc.	ATTACHEMENTS.	QUANTITÉS.	ARGENT.
8 (Suite)	6 (Suite)	Route n° n° Entretien. (Suite.)			RELEVÉ À BOUT AUX ABORDS DU NOUVEAU PONCEAU. (Suite.) Pavés de rebut pour charge et transport à 800m.	500.	
					Écales pour charge et transport à 10,000m, et régalage................	5.00	
					—— Le 1er Septembre. ——		
9	7	Route n° n° Entretien.	Entre et	Le S. entrepreneur.	REPIQUAGES EXÉCUTÉS PENDANT LE MOIS » Unies de 1 à 4 pavés..............	64.75	
					Baies de 5 à 40 pavés............	301.65	
					Baies mi-dessus de 40 pavés..........	96.05	
					—— Le 1er Septembre. ——		
10	8	Route n° n° Entretien.	Aqueduc de la rue d	Le S. entrepreneur.	FOURNITURES DIVERSES. Plâtre pour des scellements provisoires......	0.45	
					Ciment romain pour servir à un rejointoiement................	10^k	

OBSERVATIONS, CROQUIS, RENSEIGNEMENTS DE TOUTE NATURE.	NOMBRE de parties.	DIMENSIONS Longueur.	Largeur.	Hauteur ou épaisseur.	SURFACES, valeur ou poids partielles.	Totaux.
Les fournitures de matériaux sont comprises dans le procès-verbal de réception inscrit sous le n° 6 du journal.						
MÉTRÉ DU RELEVÉ À BOUT.						
Chaussée............		40	6		240	
Raccordement de la rue d		5	4		20	
						260
Récapitulation comprise dans la situation du						
Portées à la situation du						

Modèle nº 1 *bis*. — Art. 12 du Règlement.

PONTS ET CHAUSSÉES.

Département d

Arrondissement d

Ingénieur   M.   Conducteur régisseur.

Remis à M.
de l'arrondissement d
le   185   .

L'Ingénieur en chef,

LIVRET DE CAISSE.

Le présent livret, contenant   feuillets,
dont le premier et le dernier ont été parafés, a été remis à
M.
le

L'Ingénieur de l'arrondissement,

MANDATS.

NUMÉROS.	DATES.	INSCRIPTION PAR LE PAYEUR des PAYEMENTS FAITS AU RÉGISSEUR.	MONTANT.

PAYEMENTS.

DATES.	NATURE DES DÉPENSES.	SOMMES PAYÉES.	PAYEMENTS justifiés au payeur.	OBSERVATIONS.

MINISTÈRE
des
TRAVAUX PUBLICS.

PONTS ET CHAUSSÉES.

DÉPARTEMENT d

ARRONDISSEMENT d

MODÈLE N° 2. — Art. 13 du Règlement.

ROUTE N°

NUMÉRO DU RÔLE

SUBDIVISION

de M. Conducteur.

Le Sr surveillant.

Feuille d'attachemens des journées d'ouvriers employés du au 185 .

NOMS.	PROFESSIONS.	1	2	3	4	5	6	7	8	9	10	11	12	13	14	15	16	17	18	19	20	21	22	23	24	25	26	27	28	29	30	31	TOTAL.	PRIX de la journée.	SOMMES à payer.	VISAS ET RÉSULTATS des vérifications.
1																																				L'agent chargé de la tenue de cette feuille devra faire, chaque soir, l'addition de la colonne correspondant à la journée employée.
2																																				
3																																				
4																																				
5																																				
6																																				
7																																				
8																																				
9																																				
10																																				
11																																				
TOTAL........																																				

Le présent état de montant à

vérifié par le Conducteur

soussigné, et inscrit sous le n° de son journal.

La présente feuille d'attachement, comprenants un nombre total de journées d'ouvriers employés comme il est dit ci-dessus, tenue et certifiée par soussigné.

A le 185 .

Arrêté à la somme de par l'Ingénieur ordinaire soussigné.

A le 185 .

Modèle n° 3. — Art. 14 du Règlement.

PROCÈS-VERBAL

DE RÉCEPTION DE MATÉRIAUX.

ROUTE NATIONALE N°   , d

TRAVAUX d

Adjudication passée le   **185**   , *au profit du S*

Le

Nous soussigné, Ingénieur ordinaire, accompagné du S*
conducteur, nous sommes rendu sur la route nationale n°
à l'effet de procéder, en présence de l'entrepreneur, à la réception
des matériaux par lui approvisionnés.

Ceux de ces matériaux auxquels nous avons reconnu les qualités
et dimensions prescrites par le devis sont les suivants,

SAVOIR :

DÉSIGNATION des SECTIONS DE LA ROUTE où sont déposés les matériaux.	ESPÈCES DE MATÉRIAUX.						DESTINATION DES MATÉRIAUX.
	PAVÉS CUBIQUES		BOUTISSES.	BORDURES de trottoirs (au mètre courant).	SABLE.	GRAVIER ou cailloux.	PIERRE cassée.	
	de premier échantillon.	de deuxième échantillon.						
À reporter.........							

DÉSIGNATION des SECTIONS DE LA ROUTE où sont déposés les matériaux.	ESPÈCES DE MATÉRIAUX.							DESTINATION DES MATÉRIAUX.
	PAVÉS CUBIQUES		BOUTISSES.	BORDURES de trottoirs (au mètre courant).	SABLE.	GRAVIER ou cailloux.	PIERRE cassée.	
	de premier échantillon.	de deuxième échantillon.						
Report............								
Totaux........								

Nous avons, en conséquence, reçu les (1)

(1) Écrire les quantités en toutes lettres.

pavés cubiques de 1er échantillon,
pavés de 2e échantillon,
boutisses,
mètres courants de bordures de trottoirs,
sable,
gravier ou cailloux,
pierre cassée,

Nota. Si l'entrepreneur a quelques observations à faire, il devra les présenter par écrit, dans les dix jours qui suivront la rédaction du procès-verbal, pour être statué par qui de droit, ainsi qu'il appartiendra.

dont le compte détaillé est donné dans le tableau d'autre part.

Le présent procès-verbal, dressé en triple expédition, dont l'une a été remise au sieur

L'Ingénieur ordinaire,

Inscrit par le Conducteur, sous le n°   du Journal.

Accepté par l'Entrepreneur :

MODÈLE Nº 4. — Art. 15 du Règlement.

MINISTÈRE
DES
TRAVAUX PUBLICS.

PONTS ET CHAUSSÉES.

DÉPARTEMENT

ANNÉE 185 .

Mois d

Journée du

FEUILLE Nº

ENTRETIEN DES ROUTES PAVÉES.

REPIQUAGES.

Route nationale Nº

COMPOSITION DE L'ATELIER.............

Chef d'atelier.
Paveurs.
Dresseur.
Ficheur.
Manœuvres.

Le temps du travail a été de   heures.

DÉSIGNATION des PARTIES DE ROUTE.	NUMÉROS DES PLACHES.	MATÉRIAUX ARRACHÉS.		MATÉRIAUX NEUFS EMPLOYÉS.				OBSERVATIONS.
		Baies de		SABLE.	PAVÉS.	BOR-DURES.	BOU-TISSES.	
	1							
	2							
	3							
	4							
	5							
	6							
	7							
	8							
	9							
À reporter.... ...								

DÉSIGNATION des PARTIES DE ROUTE.	NUMÉRO DES PLANCHES.	MATÉRIAUX ARRACHÉS.		MATÉRIAUX NEUFS EMPLOYÉS.				OBSERVATIONS.
		Baies de		SABLE.	PAVÉS.	BOR-DURES.	BOU-TISSES.	
Report..........	...							
	10							
	11							
	12							
	13							
	14							
	15							
	16							
	17							
	18							
	19							
	20							
	21							
	22							
	23							
	24							
À reporter...	...							

DÉSIGNATION des PARTIES DE ROUTE.	NUMÉROS DES FLACHES.	MATÉRIAUX ARRACHÉS.			MATÉRIAUX NEUFS EMPLOYÉS.					OBSERVATIONS.
		Baies de			SABLE.	PAVÉS.	BORDURES.	BOUTISSES.		
Report...... ...										
Totaux..... ...										

Certifié

Certifié par le ⁄ chargé de la surveillance des Repiquages.

Reconnu exact :

Le Chef d'atelier de l'Entrepreneur,

Vérifié par le Conducteur de la Division,

MINISTÈRE
des
TRAVAUX PUBLICS.

PONTS ET CHAUSSÉES

DÉPARTEMENT
d

ARRONDISSEMENT
d

EXERCICE 185 .

Modèle n° 5. — Art. 16 du Règlement.

SUBDIVISION d

SOMMIER DU CONDUCTEUR.

ÉLÉMENTS DU DÉCOMPTE DE L'ENTREPRISE. — **RÉGIE ADMINISTRATIVE.**

Article de la sous-répartission. — ROUTE N° — TRAVAUX D'ENTRETIEN. — Crédit de

FOURNITURE DE MATÉRIAUX — EMPIERREMENT

N°s et dates du carnet	N° d'ordre du mémoire	Indication des travaux	Pavés à 475 fr.	Bordures à 637f 50c	Bordures de trottoirs à	Sable à 3 f. 80	Gravier à	Pierre cassée à	Reland à bout à 63f	Daim de 2 à 4 pavés à 70f	Balas de 5 à 30 pavés à 50f	Daim ordinaire de 40 pavés à 60f
2	1	Mémoire du sieur										
3	2	Travaux à la tâche par les sieurs										
4 (22 août)	3	Matériaux reçus pour le relevé à bout aux abords des panneaux	2,400	100		41 25						
		Sable reçu pour les repiquages				27 00						
6 (1er septembre)	4	Ouvriers auxiliaires pour le mois d'août										
7	5	Terres dures pour fouilles, jet sur berge, charge, transport à 1,000 mètres et régalage										
		Terre dures pour fouilles, jet sur berge, jet en remblai, régalage et pilonnage										
		Béton, maçonnerie de meulière, parements vus, chape										
		Pavage au mortier du radier, pour façon et fourniture de 0m03c de mortier par mètre superficiel										
		Relevé à bout et retaille de pavés							200 00			
8	6	Pavés de rebut pour charge et transport à 800 mèt.										
		Escles pour charge, transport à 1,000 mètres et régalage										
9	7	Repiquages exécutés en août								64 75	301 05	90 05
		Quantités	2,400	100		71 25			200 00	64 75	301 05	15 05
		Dépenses	1,002f	63f 75c		270f 75c			111f 80c	45f 33c	150f 80c	35f 05c

MAIN-D'ŒUVRE ET TRAVAUX EXÉCUTÉS — DÉPENSES DIVERSES — RÉGIE ADMINISTRATIVE

N°s et dates du carnet	N° d'ordre	Indication des travaux	Re-taille de pavés	Béton à 23f 50c	Maçonnerie de meulière à 22f 50c	Pavements à 1f 60c	Chape à 1f 25c	Quantité	Prix	Sommes	TOTAL	Montant des journées	du matériel	TOTAL
2	1	Mémoire du sieur										f 40		
3	2	Travaux à la tâche par les sieurs										8 11		
4	3	Matériaux reçus pour le relevé à bout aux abords des panneaux												309f 20c
		Sable reçu pour les repiquages												
6	4	Ouvriers auxiliaires pour le mois d'août									349f 75c			
7	5	Terres dures pour fouilles, jet sur berge, charge, transport à 1,000 mètres et régalage						38 83	1f 71c	66f 39c				
		Terre dures pour fouilles, jet sur berge, jet en remblai, régalage et pilonnage						2 70	0 89	2 40				
		Béton, maçonnerie de meulière, parements vus, chape		7 89	20 31	44 19	23 23							
		Pavage au mortier du radier, pour façon et fourniture de 0m03c de mortier par mètre superficiel						9 00	1 10	9 90				
		Relevé à bout et retaille de pavés	1,100											
8	6	Pavés de rebut pour charge et transport à 800 mèt.						500 00	8 42	4 21				
		Escles pour charge, transport à 1,000 mètres et régalage						5 00	1 26	6 30				
9	7	Repiquages exécutés en août												
		Quantités	1,100	9 99	20 31	44 19	23 23							
		Dépenses	66f	53f 39c	439f 07c	79f 70c	40f 63c			69f 19c	2,463f 68c			

Rabais de 0f 052 par franc 129 15

Total au 1er septembre 2,504 72

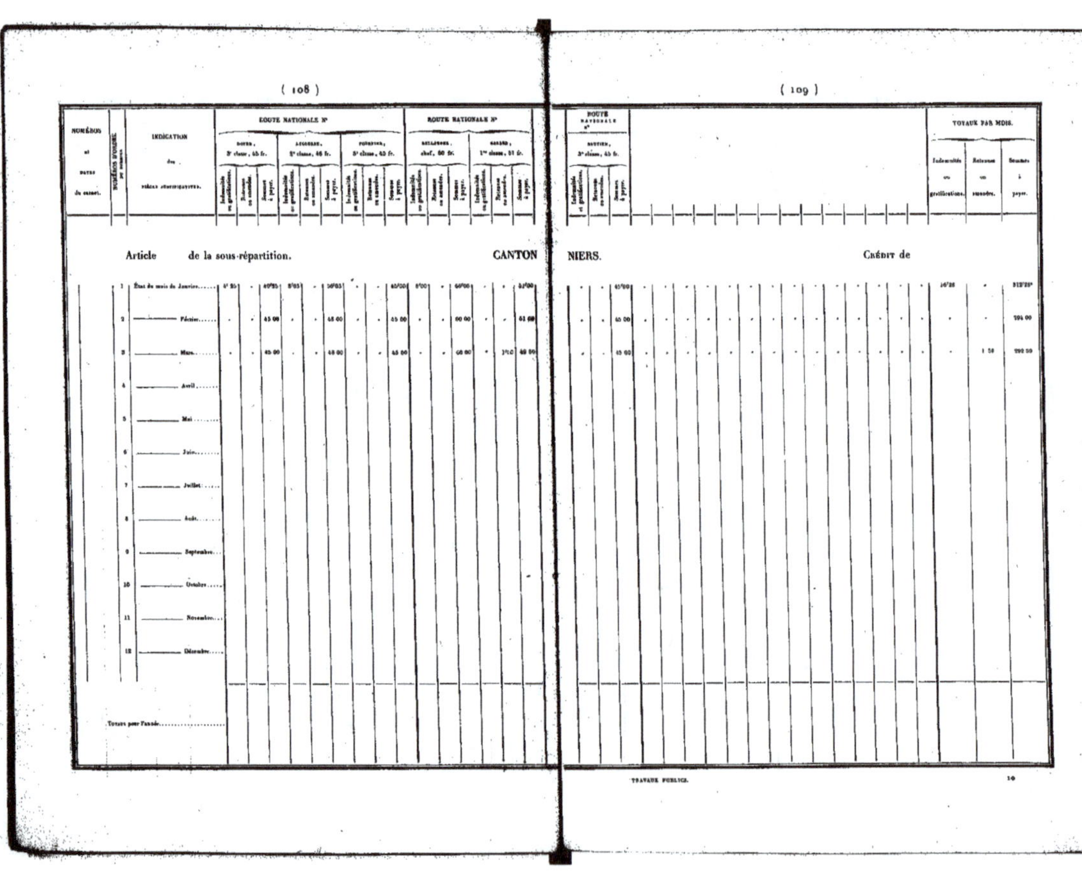

Article   de la sous-répartition.   CANTONNIERS.   Crédit de

NUMÉROS et DATES du cahier	NUMÉROS D'ORDRE du cahier	INDICATION des pièces justificatives	ROUTE NATIONALE N° — Douve, 3e classe, 45 fr. (Indemnité ou gratification)	(Retenue ou amende)	(Somme à payer)	Accobrat, 3e classe, 46 fr. (Indemnité ou gratification)	(Retenue ou amende)	(Somme à payer)	Fonderie, 3e classe, 45 fr. (Indemnité ou gratification)	(Retenue ou amende)	(Somme à payer)	ROUTE NATIONALE N° — Reclanges, chef, 60 fr. (Indemnité ou gratification)	(Retenue ou amende)	(Somme à payer)	Garand, 1re classe, 51 fr. (Indemnité ou gratification)	(Retenue ou amende)	(Somme à payer)	ROUTE NATIONALE N° — Soutien, 3e classe, 45 fr. (Indemnité ou gratification)	(Retenue ou amende)	(Somme à payer)	TOTAUX PAR MOIS — Indemnités ou gratifications	Retenues ou amendes	Sommes à payer
	1	État du mois de Janvier……	4f 85	·	49f 85	8f 05	·	59f 05	·	·	45f 00	8f 00	·	66f 00	·	·	51f 00	·	·	45f 00	16f 25	·	312f 25
	2	—— Février……	·	·	45 00	·	·	46 00	·	·	45 00	·	·	60 00	·	·	61 00	·	·	45 00	·	·	194 00
	3	—— Mars……	·	·	45 00	·	·	46 00	·	·	45 00	·	·	60 00	1f 50	·	49 50	·	·	45 00	·	1 50	192 50
	4	—— Avril……																					
	5	—— Mai……																					
	6	—— Juin……																					
	7	—— Juillet……																					
	8	—— Août……																					
	9	—— Septembre…																					
	10	—— Octobre……																					
	11	—— Novembre…																					
	12	—— Décembre……																					
		Totaux pour l'année……																					

MINISTÈRE
des
TRAVAUX PUBLICS.

PONTS ET CHAUSSÉES,

DÉPARTEMENT

d

ARRONDISSEMENT

d

CHAPITRE

Exercice 185

Mois d

Somme à payer,

ci

N°   DU BORDEREAU.

MODÈLE N° 6. — Art. 18 du Règlement.

TRAVAUX EN RÉGIE À LA TÂCHE.

ROUTE NATIONALE N°

ÉTAT

Des Travaux exécutés du   *au*

inclusivement.

```
( 112 )                    ( 113 )
```

NUMÉROS du JOURNAL.	NOMS ET QUALITÉS des TÂCHERONS.	DÉSIGNATION ET DIMENSIONS des TRAVAUX EXÉCUTÉS À LA TÂCHE.	QUANTITÉS PARTIELLES.	TOTAUX	PRIX.	PRODUITS PARTIELS.	PRODUITS TOTAUX par tâcheron.	ACQUIT des PARTIES PRENANTES	OBSERVATIONS.

Totaux....

Présenté et certifié par l'Ingénieur ordinaire, soussigné,
l'état ci-dessus montant à la somme de

Vu et vérifié
par l'Ingénieur en chef.

Le présent état montant à la somme de
dressé et certifié conforme aux écritures du
journal, par le Conducteur, soussigné.

A   le   185 .

Modèle Nº 6 *bis*. — Circulaire aux ingénieurs en chef, p. 74.

Nº   du Bordereau.

MINISTÈRE
des
TRAVAUX PUBLICS.

PONTS ET CHAUSSÉES.

DÉPARTEMENT

d

ARRONDISSEMENT
de M. l'Ingénieur

ANNÉE 185 .

TRAVAUX PAR RÉGIE.

ROUTE NATIONALE Nº   . ENTRETIEN.

Somme à payer...

Mémoire de   par le

Sr   demeurant à

NUMÉROS des ARTICLES.	DATES.	INDICATION DÉTAILLÉE DES OUVRAGES OU FOURNITURES.	SOMMES DUES.
1.			
		À reporter...........	

NUMÉROS des ARTICLES.	DATES.	INDICATION DÉTAILLÉE DES OUVRAGES OU FOURNITURES.	SOMMES DUES.
		Report.............	
		Total..............	

L'Ingénieur ordinaire sous-signé certifie avoir pris en charge les objets portés au présent mémoire sous les nᵒˢ
et les avoir inscrits sur son inventaire sous les nᵒˢ

Présenté par le soussigné.

  A   le   185 .

Certifié et inscrit sous le nᵒ   du Journal par le Conducteur des ponts et chaussées soussigné, chargé de la surveillance des travaux.

  A   le   185 .

Vu par l'Ingénieur en chef,

Vérifié et arrêté à la somme de   par l'Ingénieur ordinaire soussigné.

  A   le   185 .

Payé par le Régisseur.

  A   le   185 .

POUR ACQUIT :

MINISTÈRE
des
TRAVAUX PUBLICS.

PONTS ET CHAUSSÉES.

DÉPARTEMENT
d

ARRONDISSEMENT
d

SUBDIVISION
de M.

Crédit d

MODÈLE N° 7. — Art. 19 du Règlement.

ROUTE NATIONALE N°

DÉCOMPTE DES CANTONNIERS.

Mois d   *185* .

NUMÉROS du sommier.	NOMS DES CANTONNIERS.	NUMÉROS des classes.	SALAIRES du mois.	INDEMNITÉS pour déplacement ou gratification.	TOTAL.	RETENUES ou amendes.	SOMMES à payer.	TOTAL par mois.	OBSERVATIONS.
									Rappeler ici, pour les amendes, le numéro du carnet.
				TOTAL pour le mois.					
				Dépenses faites pendant les mois précédents. .					
				TOTAL pour l'exercice.					

Le présent état dressé, certifié conforme aux écritures du Journal par le Conducteur soussigné, et inscrit sous le n°

Vu par l'Ingénieur.

A   le   185 .

<table>
<tr><td>MINISTÈRE
des
TRAVAUX PUBLICS.

PONTS ET CHAUSSÉES.

DÉPARTEMENT
d

ARRONDISSEMENT
d

SUBDIVISION
de M.</td><td>MODÈLE N° 8. — **Art. 20 du Règlement.**

ROUTE NATIONALE N°

TRAVAUX D'ENTRETIEN DES ROUTES. — CRÉDIT DE

SITUATION À LA FIN DU MOIS d

Récapitulation des travaux de repiquages.</td><td>ANNÉE 185

N°

Le S^r
Entrepreneur.</td></tr>
</table>

NUMÉROS d'ordre du journal.	NUMÉROS des bulletins de repiquages	DATES.	MATÉRIAUX ARRACHÉS.			MATÉRIAUX EMPLOYÉS.					OBSERVATIONS.
			Baies de			SABLE.	PAVÉS. 1er échantillon.	2e échantillon.	BOR-DURES.	BOU-TISSES.	
		1									
		2									
		3									
		4									
		5									
		6									
		7									
		8									
		9									
		10									
		11									
		12									
		13									
		14									
		15									
		16									
		17									
		18									
		19									
		20									
		21									
		22									
		23									
		24									
		25									
		26									
		27									
		28									
		29									
		30									
		31									
	TOTAUX....										

Surface des repiquages.
(À raison de   pavés arrachés par mètre carré.)

Dépenses faites par l'entrepreneur.

Dépenses faites par l'entrepreneur.

NUMÉROS d'ordre du journal.	INDICATION DES OUVRAGES.	QUANTITÉS.	NUMÉROS des sous-détails.	PRIX de L'UNITÉ.	DÉPENSES par ARTICLE.	PAR NATURE d'ouvrages.	OBSERVATIONS.
	1° DÉPENSES AUX PRIX DE LA SÉRIE.						
	MATÉRIAUX REÇUS POUR L'ENTRETIEN DES CHAUSSÉES.						
	Pavés cubiques de 0ᵐ,23 de côté......						
	Pavés de 2ᵉ échantillon.............						
	Bordures....................						
	Boutisses....................						
	Mètres cubes de sable............						
	———— de pierres cassées......						
	———— de gravier ou cailloux....						
	Bordures de trottoirs.............						
	OUVRAGES EXÉCUTÉS.						
	Mètres superficiels de relevé à bout....						
	———— de repiquages par baies......................						
	De 1 à 4 pavés. (Voir la récapitulation ci-contre.)....................						
	De 5 à 40 pavés.................						
	Au-dessus de 40 pavés............						
	Démolition d'un mètre superficiel de chaussée pavée................						
	Retaille d'un millier de vieux pavés....						
	Montant des matériaux reçus et travaux faits pendant le mois d						
	Ajouter le montant des matériaux reçus et travaux faits antérieurement, suivant l'état du						
	TOTAL des dépenses faites aux prix du bail d'entretien....						
	A déduire le rabais de par franc..............						
	RESTE à reporter......................						

Suite des *Dépenses faites par l'entrepreneur.*

| NUMÉROS d'ordre du journal. | INDICATION DES OUVRAGES. | QUANTITÉS. | NUMÉROS des sous-détails. | PRIX de L'UNITÉ. | DÉPENSES | | OBSERVATIONS. |
					par ARTICLE.	PAR NATURE d'ouvrages.	
	Report.........						
	2° DÉPENSES DIVERSES.						
	TOTAL des dépenses diverses faites pendant le mois d				...		
	A ajouter celles faites antérieurement suivant état du				...		
	TOTAL des dépenses constatées.....................						
	3° APPROVISIONNEMENTS.						
	Pavés cubiques de 0^m,23 de côté......						
	Pavés de 2° échantillon.............						
	Mètres cubes de sable.............						
	—————— de pierres cassées......						
	—————— de gravier ou cailloux....						
	TOTAL.................................						
	A déduire le rabais de par franc.............						
	RESTE pour le total des approvisionnements..........						

Dépenses faites en régie.

NUMÉROS d'ordre du journal.	INDICATION DES DÉPENSES.	SOMMES.	OBSERVATIONS.

Journées d'ouvriers auxiliaires suivant les feuilles d'attachements récapitulées ci-après :

	AU PRIX DE				EN TOTALITÉ.
Savoir :					
Par le Sʳ					
Par le Sʳ					
Par le Sʳ					
Par le Sʳ					
Par le Sʳ					
Par le Sʳ					
Par le Sʳ					
Par le Sʳ					
Totaux pour le mois d ..					

Mémoire du Sʳ pour ....

Fourniture de montant à ....

État des travaux à la tâche faits par les sieurs montant à ...

Total des dépenses en régie faites pendant le mois d ...

Dépenses faites antérieurement, suivant état du ...

Total des dépenses en régie ....

SITUATION.	CRÉDIT.	DÉPENSES faites.	RESTE.
Travaux à l'entreprise			
Travaux en régie			
Totaux			

Vu et vérifié
par l'Ingénieur de l'arrondissement,

Le présent état dressé et certifié conforme aux écritures du Journal par le Conducteur soussigné.

A   le   185 .

MINISTÈRE
des
TRAVAUX PUBLICS.

PONTS ET CHAUSSÉES.

DÉPARTEMENT

d

ARRONDISSEMENT

d

SUBDIVISION

de

Le S^r

entrepreneur.

MODÈLE N° 8 *bis*. — Art. 20 *bis* du Règlement.

ANNÉE 185 .

N°

TRAVAUX D'ENTRETIEN.

SITUATION à la fin du mois d

Dépenses faites par l'entrepreneur.

| NUMÉROS d'ordre du journal. | INDICATION DES OUVRAGES. | QUANTITÉS. | NUMÉROS des sous-détails. | PRIX de L'UNITÉ. | DÉPENSES | | OBSERVATIONS. |
					par ARTICLE.	PAR NATURE d'ouvrages.	
	1° DÉPENSES AU PRIX DE LA SÉRIE.						

Montant des matériaux reçus et travaux faits pendant le mois d   ...

A ajouter le montant des matériaux reçus et travaux faits antérieurement, suivant état du   ....

TOTAL des dépenses faites...................

A déduire le rabais de   par franc...........

RESTE à reporter.....................

Suite des *Dépenses faites par l'entrepreneur.*

NUMÉROS d'ordre du journal.	INDICATION DES OUVRAGES.	QUANTITÉS.	NUMÉROS des sous-détails.	PRIX de L'UNITÉ.	DÉPENSES		OBSERVATIONS.
					par ARTICLE.	PAR NATURE d'ouvrages.	
	Report.........						
	2° DÉPENSES DIVERSES.						
	TOTAL des dépenses diverses faites pendant le mois d				....)		
	A ajouter celles faites antérieurement, suivant état du				......)		
	TOTAL des dépenses constatées..............						
	3° APPROVISIONNEMENTS.						
	TOTAL......................						
	A déduire le rabais de par franc.........						
	RESTE pour le total des approvisionnements......						

Dépenses faites en régie.

NUMÉROS d'ordre du journal.	INDICATION DES DÉPENSES.	SOMMES.	OBSERVATIONS.
	TOTAL des dépenses en régie faites pendant le mois..........		
	Les dépenses faites antérieurement, suivant état du s'élèvent à..		
	TOTAL des dépenses en régie..........		

	CRÉDIT.	DÉPENSES faites.	RESTE.
Travaux à l'entreprise..........			
Travaux en régie.............			
TOTAUX........			

VU ET VÉRIFIÉ
par l'Ingénieur de l'arrondissement,

Le présent état dressé et certifié conforme aux écritures du Journal par le Conducteur soussigné.

A   le   185 .

MODÈLE N° 9. — Art. 20 du Règlement.

ANNÉE 185 .

N°

ROUTE NATIONALE N°

TRAVAUX NEUFS

ET DE GROSSES RÉPARATIONS.

RECTIFICATION DE LA RAMPE d

SITUATION à la fin du mois d

Dépenses faites par l'entrepreneur.

| NUMÉROS d'ordre du journal. | INDICATION DES OUVRAGES. | QUANTITÉS. | N^{os} des sous-détails. | PRIX de L'UNITÉ. | DÉPENSES | | OBSERVATIONS. |
					par ARTICLE.	PAR NATURE d'ouvrages.	
	1° DÉPENSES AUX PRIX DU DEVIS.						
	Montant des matériaux reçus et travaux faits pendant le mois d						
	A ajouter le montant des matériaux reçus et travaux faits antérieurement suivant l'état du						
	Total des dépenses faites...............						
	A déduire le rabais de par franc..................						
	Reste à reporter.....................						

Suite des *Dépenses faites par l'entrepreneur.*

NUMÉROS d'ordre du journal.	INDICATION DES OUVRAGES.	QUANTITÉS.	N°s des sous-détails.	PRIX de L'UNITÉ.	DÉPENSES		OBSERVATIONS.
					par ARTICLE.	PAR NATURE d'ouvrages.	
	Report........						
	2° DÉPENSES DIVERSES.						
	TOTAL des dépenses diverses faites pendant le mois d					...	
	A ajouter celles faites antérieurement, suivant état du					...	
	TOTAL des dépenses constatées.............						
	3° APPROVISIONNEMENTS.						
	TOTAL.................						
	A déduire le rabais de par franc.............						
	RESTE pour le total des approvisionnements..						

Dépenses faites en régie.

NUMÉROS D'ORDRE du journal.	INDICATION DES DÉPENSES.	SOMMES.	OBSERVATIONS.
	Total des dépenses en régie faites pendant le mois.....		
	Les dépenses faites antérieurement, suivant état du 1re s'élèvent à............................		
	Total des dépenses en régie........		

SITUATION.	CRÉDIT.	DÉPENSES faites.	RESTE.
Travaux à l'entreprise...............			
Travaux en régie.................			
Totaux...........			

Le présent état dressé et certifié conforme aux écritures du journal par le Conducteur soussigné.

Vu et vérifié
par l'Ingénieur de l'arrondissement,

A   , le   18

MINISTÈRE
des
TRAVAUX PUBLICS.

PONTS ET CHAUSSÉES.

DÉPARTEMENT
d

ARRONDISSEMENT
d

SUBDIVISION
de M.
Conducteur.

Le S'
entrepreneur.

MODÈLE ANNEXE 8, 8 *bis* ET 9. — Art. 21 du Règlement.

EXERCICE 185

Mois d

ROUTE NATIONALE N°

TRAVAUX D'ENTRETIEN.

Métré définitif des Travaux exécutés dans la partie comprise entre

et

(A joindre à la situation en date du 185 .

NUMÉROS d'ordre du journal.	INDICATION DES OUVRAGES.	NOMBRE de parties.	DIMENSIONS.			SURFACES CUBES ou POIDS.			OBSERVATIONS, CROQUIS, ETC.
			Longueur.	Largeur.	Épaisseur.	Auxiliaires.	Partiels.	Définitifs.	

NUMÉROS d'ordre du journal.	INDICATION DES OUVRAGES.	NOMBRE de parties.	DIMENSIONS.			SURFACES CUBES OU POIDS.			OBSERVATIONS, CROQUIS, ETC.
			Longueur.	Largeur.	Épaisseur.	Auxiliaires.	Partiels.	Définitifs.	

Le présent métré, dont les résultats ont été inscrits sur le Journal sous les nᵒˢ

dressé par le Conducteur soussigné.

A , le 185 .

MINISTÈRE
des
TRAVAUX PUBLICS.

PONTS ET CHAUSSÉES.

DÉPARTEMENT

d

ARRONDISSEMENT

d

SUBDIVISION

de M.

MODÈLE Nº 10. — Art. 22 du Règlement.

MOIS D 185 .

Bordereau des pièces adressées à M. l'Ingénieur de l'arrondissement
d

TITRES DES COMPTES OUVERTS auxquels LES SITUATIONS MENSUELLES SE RAPPORTENT.	NOMBRE de PIÈCES annexées.	OBSERVATIONS.
TOTAL.		

Aucune dépense ni aucun travail, autre que celui des cantonniers, n'ont été faits sur les routes nationales nᵒˢ

A , le 185 .

Le Conducteur des ponts et chaussées,

Monsieur , Ingénieur de l'arrondissement d .

MINISTÈRE
des
TRAVAUX PUBLICS.

PONTS ET CHAUSSÉES.

DÉPARTEMENT
d

ARRONDISSEMENT
d

Exercice 185 .

Mois d

MODÈLE N° 11. — Art. 24 du Règlement.

ROUTES NATIONALES N°ˢ

SALAIRES DES CANTONNIERS.

*Décompte des sommes dues aux Cantonniers employés dans l'arrondissement
d   pendant le mois d*

DÉSIGNATION des ROUTES.	NOMS DES CANTONNIERS.	CLASSE.	SALAIRE du mois.	INDEM-NITÉS pour déplace-ments ou gratifica-tions.	TOTAL.	RETE-NUES ou amendes.	SOMMES À PAYER		OBSERVATIONS.
							par canton-nier.	par route.	

DÉSIGNATION des ROUTES.	NOMS DES CANTONNIERS.	CLASSE.	SALAIRE du mois.	INDEMNITÉS pour déplacements ou gratifications.	TOTAL.	RETENUES ou amendes.	SOMMES à payer		OBSERVATIONS.
							par cantonnier.	par route.	
					TOTAL....................				

Le présent décompte montant à la somme de
certifié par l'Ingénieur ordinaire soussigné.

A   , le   185 .

Vu et vérifié par l'Ingénieur en chef soussigné.

A   , le   185 .

N°   DU BORDEREAU.

MODÈLE N° 12. — Art 25 du Règlement.

TRAVAUX EN RÉGIE.

ROUTE NATIONALE N°

Rôle des journées d'ouvriers employés

NUMÉROS		NOMS.	PROFESSIONS.	NOMBRE de journées de heures.	PRIX de LA JOURNÉE.	PRODUITS.	ACQUIT des PARTIES PRENANTES par émargement,	OBSERVATIONS.
du journal.	des feuilles d'attachements.							
			A reporter....	....				

NUMÉROS		NOMS.	PROFESSIONS.	NOMBRE de journées de heures.	PRIX de LA JOURNÉE.	PRODUITS.	ACQUIT des PARTIES PRENANTES par émargement.	OBSERVATIONS.
du journal.	des feuilles d'attachements.							
			Report......					
			Totaux.....					

Nous soussignés certifions que les sieurs

Le présent rôle, s'élevant à la somme de

dressé et certifié conforme aux attachements tenus.

A   , le   185 .

portés au présent rôle, ont été payés en notre présence, et qu'ayant déclaré ne savoir signer, ils ont apposé chacun une croix vis-à-vis de leur nom pour tenir lieu d'émargement.

A   , le   185 .

L'Ingénieur ordinaire,

Le Régisseur,

Vérifié par l'Ingénieur en chef soussigné,

MINISTÈRE
des
TRAVAUX PUBLICS.

PONTS ET CHAUSSÉES.

DÉPARTEMENT
d

CATÉGORIE.

Exercice 185 .

MODÈLE N° 13. — Art. 26 du Règlement.

LIVRE DE COMPTABILITÉ

DE L'INGÉNIEUR ORDINAIRE.

ARRONDISSEMENT d

M.   , Ingénieur ordinaire.

Extrait de la sous-répartition des Crédits généraux affectés aux dépenses de la   ᵉ catégorie, pour le service de l'arrondissement d

La sous-répartition primitive a été notifiée par M. l'Ingénieur en chef le

La sous-répartition rectifiée l'a été le

NUMÉROS			NATURE DES DÉPENSES.	CRÉDITS				OBSERVATIONS.
des COMPTES ouverts.	du CRÉDIT total de chaque route, pont, rivière, port, etc.	des ARTICLES particuliers du crédit de chaque route, pont, rivière, port, etc.		suivant LA SOUS-RÉPARTITION primitive,		suivant LA SOUS-RÉPARTITION définitive,		
				par article.	par route, pont, rivière, port, etc.	par article.	par route, pont, rivière, port, etc.	

NUMÉROS			NATURE DES DÉPENSES.	CRÉDITS				OBSERVATIONS.
des COMPTES ouverts.	du CRÉDIT total de chaque route, pont, rivière, port, etc.	des ARTICLES particuliers du crédit de chaque route, pont, rivière, port, etc.		suivant LA SOUS-RÉPARTITION primitive,		suivant LA SOUS-RÉPARTITION définitive,		
				par article.	par route, pont, rivière, port, etc.	par article.	par route, pont, rivière, port, etc.	

COMPTES OUVERTS

A chacun des articles de la Sous-Répartition.

1ʳᵉ CATÉGORIE.

CHAPITRE XI.

Article   de la sous-répartition.

Crédit de

M.   , Conducteur.

ROUTE NATIONALE N°

TRAVAUX D'ENTRETIEN.

N°

Le sieur   , Entrepreneur.

Adjudication du

Rabais de   par franc.

NATURE DES DÉPENSES.	SOUS-RÉPARTIT.		JANVIER.		FÉVRIER.		MARS.		AVRIL.		MAI.		JUIN.		JUILLET.		AOÛT.		SEPTEMBRE.		OCTOBRE.		NOVEMBRE.		DÉCEMBRE.		TOTAUX GÉNÉRAUX.		OBSERVATIONS ET DÉTAILS DIVERS.
	Nombre.	Prix.	Quantité.	Dépense.	Quantité.	Dépense.	Quantité.	Dépense.	Quantité.	Dépense.	Quantité.	Dépense.	Quantité.	Dépense.	Quantité.	Dépense.	Quantité.	Dépense.	Quantité.	Dépense.	Quantité.	Dépense.	Quantité.	Dépense.	Quantité.	Dépense.	Quantité.	Dépense.	
Fournitures de pavés																													
—— de bordures																													
—— de bordures de trottoirs																													
—— de sable																													
—— de pierres cassées																													
Relevé à bout																													
Repiquage par baies de 1 à 4 pavés																													
—— par baies de 5 à 40 idem																													
—— par baies au-dessus de 40 id.																													
Retaille de pavés																													
Total du mois																													
Report des mois antérieurs																													
Total																													
Rabais de par franc																													
Reste																													
Dépenses diverses																													
Montant des travaux réduits																													
Approvisionnements																													
À compter à la fin du mois																													

1ʳᵉ CATÉGORIE.

CHAPITRE XI.

Article   de la sous-répartition.

Crédit de

M.   , Conducteur.

ROUTE NATIONALE N°

CANTONNIERS.

N°

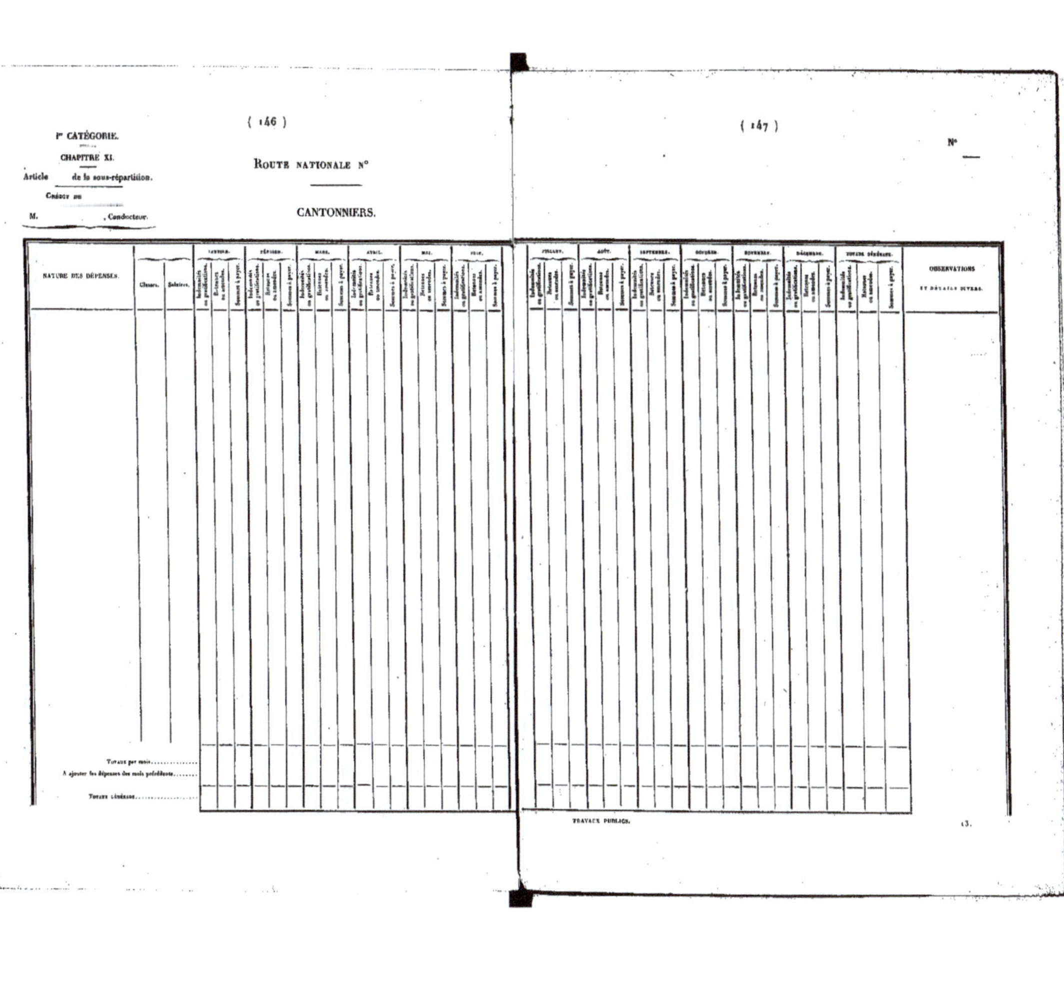

NATURE DES DÉPENSES.	Classes.	Salaires.	JANVIER.			FÉVRIER.			MARS.			AVRIL.			MAI.			JUIN.			JUILLET.			AOÛT.			SEPTEMBRE.			OCTOBRE.			NOVEMBRE.			DÉCEMBRE.			TOTAL GÉNÉRALE.			OBSERVATIONS ET DÉTAILS DIVERS.
			Indemnités ou gratifications.	Retenues ou amendes.	Sommes à payer.	Indemnités ou gratifications.	Retenues ou amendes.	Sommes à payer.	Indemnités ou gratifications.	Retenues ou amendes.	Sommes à payer.	Indemnités ou gratifications.	Retenues ou amendes.	Sommes à payer.	Indemnités ou gratifications.	Retenues ou amendes.	Sommes à payer.	Indemnités ou gratifications.	Retenues ou amendes.	Sommes à payer.	Indemnités ou gratifications.	Retenues ou amendes.	Sommes à payer.	Indemnités ou gratifications.	Retenues ou amendes.	Sommes à payer.	Indemnités ou gratifications.	Retenues ou amendes.	Sommes à payer.	Indemnités ou gratifications.	Retenues ou amendes.	Sommes à payer.	Indemnités ou gratifications.	Retenues ou amendes.	Sommes à payer.	Indemnités ou gratifications.	Retenues ou amendes.	Sommes à payer.	Indemnités ou gratifications.	Retenues ou amendes.	Sommes à payer.	
Totaux par mois..............																																											
À ajouter les dépenses des mois précédents........																																											
Totaux généraux..............																																											

Ire CATÉGORIE.

CHAPITRE XI.

Article   de la sous-répartition.

Crédit de

M.   , Conducteur.

ROUTE NATIONALE N°

OUVRIERS AUXILIAIRES.

N°

Régie administrative instituée par arrêté préfectoral du

M.   , Régisseur.

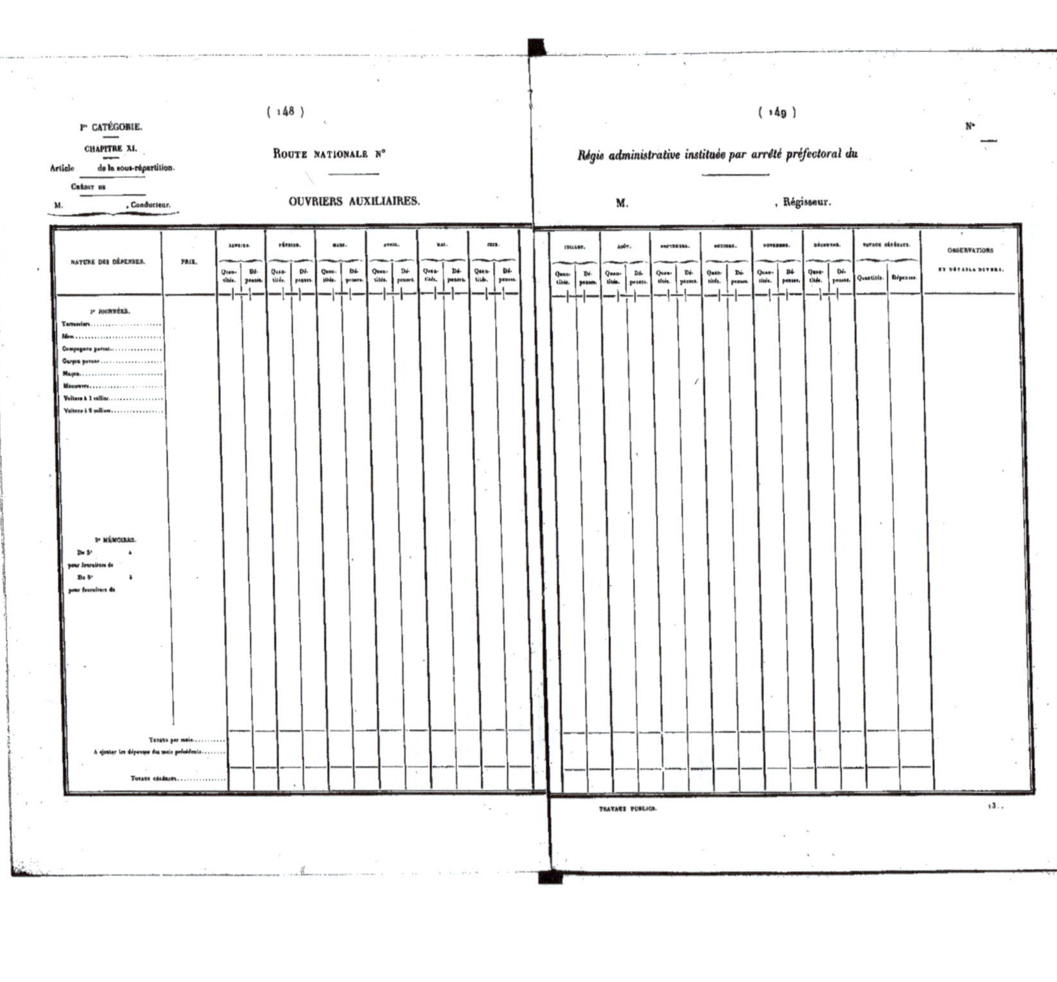

NATURE DES DÉPENSES.	PRIX.	JANVIER.		FÉVRIER.		MARS.		AVRIL.		MAI.		JUIN.		JUILLET.		AOÛT.		SEPTEMBRE.		OCTOBRE.		NOVEMBRE.		DÉCEMBRE.		TOTAUX GÉNÉRAUX.		OBSERVATIONS ET DÉTAILS DIVERS.
		Quantités.	Dépenses.	Quantités.	Dépenses.	Quantités.	Dépenses.	Quantités.	Dépenses.	Quantités.	Dépenses.	Quantités.	Dépenses.	Quantités.	Dépenses.	Quantités.	Dépenses.	Quantités.	Dépenses.	Quantités.	Dépenses.	Quantités.	Dépenses.	Quantités.	Dépenses.	Quantités.	Dépenses.	
1re JOURNÉES.																												
Terrassiers																												
Idem																												
Compagnon paveur																												
Garçon paveur																												
Maçon																												
Manœuvre																												
Voiture à 1 collier																												
Voiture à 2 colliers																												
2e MÉMOIRES.																												
De 5e à																												
pour fournitures de																												
De 5e à																												
pour fournitures de																												
Totaux par mois																												
A ajouter les dépenses des mois précédents																												
Totaux généraux																												

COMPTE RÉCAPITULATIF

DES DÉPENSES ET DES PAYEMENTS.

1re CATÉGORIE.

CHAPITRE XI.

ROUTE NATIONALE No

DÉPENSES.

NUMÉROS de la sous-répartition.	CRÉDITS.
	Travaux à l'entreprise.
	Cantonniers.
	Ouvriers auxiliaires.
	Dépenses diverses.

DATES.	NUMÉROS des comptes ouverts.	DÉPENSES — Travaux à l'entreprise.	Cantonniers.	Ouvriers auxiliaires.	Indemnités de terrain, de dommage et dépenses diverses.	OBSERVATIONS.
Au 31 janvier.....	2	"	436f 62c	"	"	
Idem...........	3	"	"	142f 98c	"	
Au 28 février.....	2	"	432 00	"	"	
Idem...........	3	"	"	352 58	"	
Le 15 mars.......	4	"	"	"	200f 00c	Indemnité de dommage portée dans l'état du 1er trimestre.
Au 31 mars......	2	"	434 66	"	"	
Idem...........	3	"	"	41 40	"	
Au 30 avril......	1	4,438f 41c	"	"	"	
Idem...........	2	"	435 00	"	"	
Idem...........	3	"	"	96 30	"	

CHAPITRE XI.

ENTRETIEN.

PAYEMENTS.

MANDATS DÉLIVRÉS SUR LES EXERCICES ANTÉRIEURS.		
Exercices.	Nature des fonds.	Montant des mandats.
Total.................		

NUMÉROS d'ordre du journal de l'Ingénieur en chef.	PARTIES PRENANTES.	DATES.	MANDATS DÉLIVRÉS, MONTANT — Travaux à l'entreprise.	Cantonniers.	Ouvriers auxiliaires.	Indemnité de terrain, de dommage et dépenses diverses.	OBSERVATIONS.
3	Le sieur régisseur...	4 février ..	"	436f 62c	"	"	
5	Idem...........	Idem......	"	"	142f 98c	"	
12	Idem...........	4 mars....	"	432 00	"	"	
24	Idem...........	Idem......	"	"	352 58	"	
32	Le sieur propriétaire à	17 idem ..	"	"	"	200f 00c	
44	Le sieur régisseur...	6 avril....	"	434 66	"	"	
51	Idem...........	Idem......	"	"	41 40	"	
63	Le sieur entrepreneur...	9 mai....	3,900f 00c	"	"	"	
55	Le sieur régisseur...	6 idem....	"	435 00	"	"	
57	Idem...........	Idem......	"	"	96 30	"	

CERTIFICATS DÉLIVRÉS

Journal d'inscription des certificats délivrés pour payement.

Numéros d'ordre.	Dates.	Parties prenantes.	Numéros des comptes ouverts.	CHAPITRE 11. ROUTES NATIONALES ET PONTS.		CHAPITRE 11 bis. Reconstruction des ponts.	CHAPITRE 12. NAVIGATION.—RIVIÈRES.		CHAPITRE 13. NAVIGATION.—CANAUX.		CHAPITRE 16. Chemins de fer.	CHAPITRE 18. Subventions à des compagnies.	CHAPITRE 25. Exercices clos.	CHAPITRE 27. Exercices périmés.	MANDATS.		Émargement pour récépissé.	Observations.
				1re catégorie.	2e catégorie.		1re catégorie.	2e catégorie.	1re catégorie.	2e catégorie.					Numéros.	Dates.		
1	3 février...	Le S' régisseur....	2 5 / 10 13	1,720f 36c	»	»	»	»	»	»	»	»	»	»	2	5 février...		
2	21 idem...	Le S' entrepreneur.	»	»	1,750f	»	»	»	»	»	»	»	»	»	34	23 idem...		
3	28 idem...	Le S' entrepreneur.	»	»	»	»	»	»	»	»	10,000f 00c	»	»	»	42	2 mars....		
4	7 mars....	Le S' entrepreneur.	»	»	»	»	»	»	»	»	»	»	1,000f 00c	»	54	8 idem....		

ORDONNANCES DE FONDS.

Compte général des Fonds ordonnancés.

DATES des avis de l'Ingénieur en chef.	FONDS ORDONNANCÉS.							OBSERVATIONS.
	CHAP. 11. ROUTES nationales et ponts.	CHAP. 11 bis. RECONSTRUC-TION de ponts.	CHAP. 12. NAVIGATION. (Rivières.)	CHAP. 13. NAVIGATION. (Canaux.)	CHAP. 16. CHEMINS de fer.	CHAP. 26. EXERCICES clos.	CHAP. 27. EXERCICES périmés.	
15 février........	40,000^f					1,000^f		
18 février........	5,000				10,000^f			
16 mars.........	80,000							

Compte général des Fonds ordonnancés.

DATES DES AVIS de l'Ingénieur en chef.	FONDS ORDONNANCÉS.							OBSERVATIONS.
	CHAP. 11. — ROUTES nationales et ponts.	CHAP. 11bis. — RECONSTRUC-TION de ponts.	CHAP. 12. — NAVIGATION. (Rivières.)	CHAP. 13. — NAVIGATION. (Canaux.)	CHAP. 16. — CHEMINS de fer.	CHAP. 26. — EXERCICES clos.	CHAP. 27. — EXERCICES périmés.	

MINISTÈRE
DES
TRAVAUX PUBLICS.

PONTS ET CHAUSSÉES.

DÉPARTEMENT
d

EXERCICE 185 .

Modèle N° 14. — Article 27 du Règlement.

ÉTAT SOMMAIRE

DES DÉPENSES A LA FIN DU MOIS D

ARRONDISSEMENT DE M

Ingénieur ordinaire.

NUMÉROS D'ORDRE		NATURE DES DÉPENSES.	CRÉDITS ALLOUÉS.		DÉPENSES FAITES.				MANDATS	APERÇU	RENSEIGNEMENTS
du CRÉDIT TOTAL de chaque route, pont, rivière, port, etc.	des ARTICLES particuliers du crédit de chaque route, pont, rivière, port, etc.		PAR ARTICLE.	PAR ROUTE, pont, rivière, port, etc.	PENDANT les mois antérieurs.	PENDANT le mois d	TOTAL. par article.	par route, pont, rivière, port, etc.	délivrés depuis l'ouverture de l'exercice.	des dépenses à faire pendant les deux mois suivants.	SUR LA MARCHE DES TRAVAUX ET OBSERVATIONS.

MINISTÈRE
DES
TRAVAUX PUBLICS.

PONTS ET CHAUSSÉES.

DÉPARTEMENT
d

ARRONDISSEMENT.
d

MODÈLE N° 15. — Art. 28 du Règlement.

PROCÈS-VERBAL DE RÉCEPTION PROVISOIRE.

ROUTE NATIONALE N°

AMÉLIORATION DE LA TRAVERSE D

LE S^r   , *Entrepreneur.*

L'an mil huit cent cinquante   le

Nous soussigné, Ingénieur des ponts et chaussées chargé du service de l'arrondissement d   dans le département d

Nous sommes transporté sur la route nationale n°   , dans la traverse d

pour examiner et vérifier les travaux de terrassement et de pavage exécutés par le S^r   , entrepreneur.

Nous avons reconnu que ces travaux sont terminés, et qu'ils peuvent être reçus provisoirement.

En foi de quoi nous avons dressé le présent procès-verbal.

A   , les jour, mois et an que dessus.

L'Ingénieur ordinaire,

MINISTÈRE
DES
TRAVAUX PUBLICS.

PONTS ET CHAUSSÉES.

DÉPARTEMENT
d

ARRONDISSEMENT
d

MODÈLE N° 15 *bis*. — Art. 28 du Règlement.

PROCÈS-VERBAL DE RÉCEPTION DÉFINITIVE.

ROUTE NATIONALE N°

AMÉLIORATION DE LA TRAVERSE D

Le S^r   , *Entrepreneur.*

L'an mil huit cent cinquante   , le
Nous soussigné, Ingénieur des ponts et chaussées chargé du service de l'arrondissement d   dans le département d

Nous sommes transporté sur la route nationale n°   dans la traverse d
pour examiner et vérifier les travaux de terrassement et de pavage exécutés par le S^r ,   entrepreneur.

Nous avons reconnu que ces travaux satisfont aux conditions du devis, et se trouvent en bon état d'entretien.

En conséquence, le délai de garantie étant expiré, nous déclarons qu'il y a lieu d'en accorder la réception définitive.

A   , les jour, mois et an que dessus.

L'Ingénieur ordinaire,

DÉCOMPTE DES OUVRAGES EXÉCUTÉS.

A reporter......

Report..........

A reporter........

Report.... ....

Montant des Dépenses....

Le présent décompte montant à la somme de

dressé et certifié par l'Ingénieur ordinaire soussigné.

        Paris, le   185 .

Accepté par l'entrepreneur soussigné.

        Vérifié et approuvé par l'Ingénieur en chef soussigné.

A   , le   185 .

MODÈLE N° 16. — Art. 29 du Règlement.

CERTIFICAT POUR PAYEMENT.

ROUTE NATIONALE N°

RACCORDEMENT ET AMÉLIORATION AUX ABORDS

D

Le Sʳ   , Entrepreneur.

| CERTIFICATS DÉLIVRÉS SUR LES FONDS de toute nature des exercices antérieurs et de l'exercice courant. | | |
EXER-CICES.	NATURE des fonds.	MONTANT des certificats.
185 .	Trésor.	65,220ᶠ 50ᶜ
185 .	Trésor.	21,000 00
TOTAL...		86,520 50
Montant du présent certificat...........		6,000 00
L'entrepreneur aura reçu...............		92,820 50
Les dépenses s'élèvent à..............		103,298 80
Partant il sera en avance pour garantie de son marché.....		10,378 30

TRAVAUX PUBLICS.

L'Ingénieur ordinaire des ponts et chaussées soussigné,

Vu l'adjudication passée le   au profit du Sʳ   pour l'exécution des travaux ci-dessus désignés, moyennant la somme totale de   non compris celle de   à valoir pour dépenses imprévues ;

Vu le décompte en date de ce jour, duquel il résulte que les ouvrages exécutés et dépenses faites en vertu de l'adjudication susvisée s'élèvent, déduction faite du rabais, à la somme de 103,298 fr. 80 cent.; savoir :

Fourniture de matériaux, terrassements, relevé à bout et journées au prix du devis..	101,834ᶠ 68ᶜ
Approvisionnements de pavés et de sable...................................	1,464 12
TOTAL pareil...........	103,298 80

A déduire pour retenue de garantie :

1/10 sur les travaux exécutés.............................	10,183ᶠ 47ᶜ	
1/5 sur les approvisionnements.............................	292 82	10,476 29
RESTE dû................		92,822 51

Certifie qu'il peut être payé au Sʳ   sur le chapitre XI du budget de l'exercice 185   , la somme de six mille francs pour 3ᵉ à-compte.

A   , le   185   .

L'Ingénieur ordinaire,

Reconnu conforme au décompte détaillé de l'ingénieur ordinaire.

L'Ingénieur en chef,

MINISTÈRE
des
TRAVAUX PUBLICS.

PONTS ET CHAUSSÉES.

DÉPARTEMENT

d

ARRONDISSEMENT

d

FONDS DU TRÉSOR.

Chapitre XI.

Crédit de

SITUATION DES FONDS.

Fonds ordonnancés sur l'ensemble du chapitre............	370,000f 00c
Certificats délivrés....	239,444 33
Reste......	130,555 67
Montant du certificat ci-joint..........	6,000 00
Reste disponible.	124,555 67

MODÈLE N° 16 *bis*. — Art. 29 du Règlement.

DÉCOMPTE des ouvrages exécutés et dépenses faites à l'appui du certificat pour payement délivré le   185 .

ROUTE NATIONALE N°

RACCORDEMENT ET AMÉLIORATION AUX ABORDS
D

OUVRAGES EXÉCUTÉS ET DÉPENSES FAITES		MONTANT DES DÉPENSES.
Les ouvrages exécutés et dépenses faites s'élevaient, au 31 décembre 185 , à la somme de..		96,467f 22c

TRAVAUX EXÉCUTÉS ET DÉPENSES FAITES DEPUIS.

FOURNITURE DE MATÉRIAUX.

3,000 pavés, compris boutisses, à 500 francs le mille (9).	1,500f 00		
200 mètres cubes de sable à 3 fr. 80 cent. (10)......	760 00		
200 mètres linéaires de bordures de trottoirs à 3 fr. 75 cent. (19)........................	750 00	4,877f 00c	
150 mètres cubes de pierres cassées pour fourniture et emploi dans la forme à 12 fr. 45 cent. (22 et 23).	1,867 50		

TRAVAUX EXÉCUTÉS.

425 mètres cubes de terres ordinaires pour fouille, charge, transport à 500 mètres, régalage et pilonnage, à 1 fr. 20 cent. (1, 4, 6 et formule B).	510 00		
125 mètres superficiels de relevé à bout à 43 cent. (15).	53 75	563 75	

JOURNÉES AUX PRIX DE LA SÉRIE DU PROJET.

13 journées de terrassiers régaleurs à 2 fr. 75 cent............	35 75	
	5,477 00	
Rabais de 2 p. 0/0........................	109 54	
Reste à compter......................	5,367 46	5,367 46
Montant des terrassements et dépenses faites à ce jour......................		101,834 68
A reporter....................		101,834 68

	MONTANT DES DÉPENSES.
Report......................	101,834ᶠ 68ᶜ

APPROVISIONNEMENTS.

2,000 pavés, compris boutisses, à 500 francs le mille (9).........................	1,000ᶠ 00ᶜ	
130 mètres cubes de sable à 3 fr. 80 cent. (10).............................	494 00	
	1,494 00	
Rabais de 2 p. 0/0..	29 88	
Reste à compter.................	1,464 12	1,464 12
A reporter..................		103,298 80

	MONTANT DES DÉPENSES.
Report..........................	103,298^f 80^c
A reporter.........................	103,298 80

<table>
<tr><td></td><td>MONTANT
DES DÉPENSES.</td></tr>
<tr><td>Report. . . . .</td><td>103,298ᶠ 80ᶜ</td></tr>
</table>

Total.	103,298 80

A déduire pour retenue de garantie . . . .
{ sur les travaux exécutés. 10,183ᶠ 47ᶜ
{ sur les approvisionnements. 292 82

	18,476 29
Reste à compter.	92,822 51

Certifié conforme aux écritures du livre de comptabilité.

A   le   185· .

L'Ingénieur ordinaire,

<table>
<tr><td valign="top" width="28%">

MINISTÈRE
des
TRAVAUX PUBLICS.

PONTS ET CHAUSSÉES.

DÉPARTEMENT

d

ARRONDISSEMENT

d

CHAPITRE XI.

1ʳᵉ CATÉGORIE.

Article
de la Sous-Répartition.

Somme à payer :
199ᶠ 77ᶜ.

SITUATION DES FONDS.

Fonds ordonnancés sur l'ensemble du chapitre.......	200,199ᶠ 77ᶜ
Certificats délivrés..	180,000 00
RESTE......	20,199 77
Montant du certificat ci-joint......	199 77
RESTE DISPONIBLE..	20,000 00

</td><td valign="top">

MODÈLE Nº 17. — Art. 30 du Règlement.

EXERCICE 185 .

NUMÉRO D'ORDRE
du Journal des certificats:

CERTIFICAT POUR PAYEMENT.

(1ᵉʳ EXEMPLE.)

ROUTE NATIONALE Nº

INDEMNITÉ DE TERRAIN PAR SUITE D'ALIGNEMENT.

Le Sʳ   , Vendeur.

L'Ingénieur ordinaire des ponts et chaussées soussigné,
Vu l'acte passé le   entre M. le Préfet
d   d'une part, et le sieur
demeurant à   d'autre part,
duquel acte il résulte que le Sʳ   a cédé à l'État,
en toute propriété, 19ᵐ 65ᶜ superficiels de terrain employé à l'élargissement de la
route nationale nº   dans la traverse d   moyennant
le prix principal de 196 fr. 50 cent. productif d'intérêts à 5 p. o/o par an, à partir
du jour de la dépossession, ci. 196ᶠ 50ᶜ

Attendu que cette dépossession a eu lieu le 9 mai 1850, ce qui produit pour intérêts calculés jusqu'au 8 septembre prochain........ 3 27

TOTAL...................... 199 77

Certifie qu'il peut être payé au Sʳ   , sur le chapitre XI du Budget
de l'exercice 185 , la somme de cent quatre-vingt-dix-neuf francs soixante et dix-sept
centimes, pour prix principal et intérêts de la vente ci-dessus mentionnée.

A   , le 20 août 185 .

L'Ingénieur ordinaire,

Approuvé par l'Ingénieur en chef :

</td></tr>
</table>

MINISTÈRE
des
TRAVAUX PUBLICS.

PONTS ET CHAUSSÉES.

DÉPARTEMENT

d

ARRONDISSEMENT

d

CHAPITRE XI.

2ᵉ CATÉGORIE.

Article 8
de la Sous-Répartition.

Somme à payer :
500 fr.

SITUATION DES FONDS.

Fonds ordonnancés sur l'ensemble du chapitre........	200,500ᶠ	00ᵉ
Certificats délivrés.	100,000	00
RESTE......	100,500	00
Montant du certificat ci-joint.....	500	00
RESTE DISPONIBLE..	100,000	00

MODÈLE Nº 17. — Art. 30 du Règlement.

EXERCICE 185 .

NUMÉRO D'ORDRE
du Journal des certificats :

CERTIFICAT POUR PAYEMENT.

(2ᵉ EXEMPLE.)

ROUTE NATIONALE Nº

AMÉLIORATION ENTRE

M.   , *Régisseur.*

L'Ingénieur ordinaire des ponts et chaussées soussigné,

Vu l'arrêté en date du   par lequel M. le Préfet a nommé M.   régisseur pour l'emploi de la somme à valoir portée au projet des travaux d'amélioration de la route nationale nº   entre   et   , approuvé par décision ministérielle du   ; ladite somme à valoir s'élevant à   5,400ᶠ

Considérant que le montant des certificats délivrés antérieurement s'élève, savoir :

Exercice 185 . Fonds du trésor.............	1,000ᶠ	
Exercice 185 . Fonds du trésor.............	600	
En somme à....................	1,600	1,600

Et qu'ainsi il reste à dépenser une somme de................. 3,800

Certifie qu'il peut être payé à M.   , régisseur, sur le chapitre XI du budget de l'exercice 185 , la somme de 500 francs pour 3ᵉ avance.

A   le   185 .

L'Ingénieur ordinaire,

Approuvé par l'Ingénieur en chef :

MODÈLE N° 18. — Art. 31 du Règlement.

<table>
<tr><td>MINISTÈRE
des
TRAVAUX PUBLICS.</td><td></td><td>FONDS DU TRÉSOR.</td></tr>
</table>

MINISTÈRE
des
TRAVAUX PUBLICS.

PONTS ET CHAUSSÉES.

DÉPARTEMENT

d

ARRÊTÉ PRÉFECTORAL

du

M.

Régisseur comptable.

Emploi de la avance
montant à la somme
de

FONDS DU TRÉSOR.

EXERCICE 185 .

CHAPITRE XI.

1re CATÉGORIE.

ROUTES NATIONALES.

TRAVAUX D'ENTRETIEN ET DE RÉPARATION.

DÉPENSES PAR VOIE DE RÉGIE ADMINISTRATIVE.

BORDEREAU

Des Quittances et Pièces remises au Payeur par le soussigné, pour justifier l'emploi de l'avance de   qui lui a été faite le en vertu du mandat délivré le   , sous le n°

NUMÉROS des pièces.	DÉSIGNATION des PIÈCES.	NATURE DES DÉPENSES.	MONTANT des PIÈCES.	NOMS des PARTIES PRENANTES.	OBSERVATIONS.
		A reporter.........			

TRAVAUX PUBLICS.

16

NUMÉROS des pièces.	DÉSIGNATION des PIÈCES.	NATURE DES DÉPENSES.	MONTANT des PIÈCES.	NOMS des PARTIES PRENANTES.	OBSERVATIONS.
		Report............			
		A reporter..........			

NUMÉROS des pièces.	DÉSIGNATION des pièces.	NATURE DES DÉPENSES.	MONTANT des pièces.	NOMS des parties prenantes.	OBSERVATIONS.
		Report............			

Total du présent Bordereau...........

A quoi il convient d'ajouter l'excédant de dépense qui a eu lieu sur les avances antérieures. (Voir le Bordereau du   .)...

Total.......................

Dont à déduire, à payer sur les avances ultérieures, la somme de....

Total pareil au montant de la *avance.........

DÉPENSES TOTALES.

Montant du présent bordereau...

Report des bordereaux précédents.

Total général........

Le présent bordereau, comprenant   pièces à l'appui, arrêté à la somme de

A   le   185 .

Le Régisseur comptable,

Vérifié par l'Ingénieur ordinaire soussigné.	Approuvé par l'Ingénieur en chef soussigné.	Le Payeur soussigné reconnaît avoir reçu les quittances et toutes les pièces énoncées dans le présent bordereau.
A le 185 .	A 185 .	A 185

MINISTÈRE
DES
TRAVAUX PUBLICS.

PONTS ET CHAUSSÉES.

DÉPARTEMENT

d

FONDS DU TRÉSOR.

Modèle nº 19. — Art. 32 du Règlement.

EXERCICE 18 .

TRIMESTRE.

Arrondissement d

M. , Ingénieur ordinaire.

ÉTAT TRIMESTRIEL

Des Indemnités de terrains et des Dépenses diverses réglées avec l'approbation du Préfet.

État détaillé des Indemnités réglées avec l'approbation du Préfet et payées pendant le ⋅ᵉ trimestre 185 .

ACQUISITIONS DE TERRAINS.

ROUTE, CHEMIN DE FER, pont, port, rivière, etc.	NOMS des PARTIES PRENANTES.	CONTENANCE.	MONTANT			DATE de L'APPROBATION du Préfet.	OBSERVATIONS.
			DU PRIX principal.	des INTÉRÊTS.	TOTAL.		

DOMMAGES CAUSÉS AUX PROPRIÉTÉS.

ROUTE, CHEMIN DE FER, pont, port, rivière, etc.	NOMS des PARTIES PRENANTES.	NATURE DES DOMMAGES.	SOMMES ALLOUÉES.	DATE de L'APPROBATION du Préfet.	OBSERVATIONS.

État des Dépenses diverses approuvées pendant le   ᵉ trimestre 185   .

ROUTE, CHEMIN DE FER, pont, port, rivière, etc.	NOMS des PARTIES PRENANTES.	INDICATION SOMMAIRE DES DÉPENSES.	MONTANT des DÉPENSES.	DATE de L'APPROBATION du Préfet.	OBSERVATIONS.

Le présent état trimestriel dressé par l'Ingénieur ordinaire soussigné.

A   le   185   .

Vu par le Préfet :

Vérifié par l'Ingénieur en chef :

A   le   18

MINISTÈRE
des
TRAVAUX PUBLICS.

PONTS ET CHAUSSÉES.

DÉPARTEMENT

d

FONDS DU TRÉSOR.

2e CATÉGORIE.

MODÈLE N° 20. — Art. 33 du Règlement.

ARRONDISSEMENT d

M.   , Ingénieur ordinaire.

EXERCICE 185 .

SITUATION DÉFINITIVE

des Crédits et des Dépenses au 31 décembre 185 .

FONDS DU TRÉSOR. — 2ᵉ CATÉGORIE.   *Situation définitive des Crédits et des Dépenses* au 31 décembre 185 , dans l'arrondissement d

Colonnes 1 à 10

NUMÉROS D'ORDRE du crédit total de chaque route, pont, rivière, port, etc.	NUMÉROS D'ORDRE des articles particuliers de crédit de chaque route, etc.	NUMÉROS D'ORDRE du livre de comptabilité de l'Ingénieur ordinaire	NATURE DES DÉPENSES	MONTANT des dépenses autorisées par article	MONTANT des dépenses autorisées par route, pont, port, rivière, etc.	DATE de l'arrêté ou de la décision approbative et montant du rabais	NOMS des entrepreneurs, régisseurs, etc.	CRÉDITS ouverts par article	CRÉDITS ouverts par route, pont, port, rivière, etc.
				fr. c.	fr. c.			fr. c.	fr. c.
			ROUTE NATIONALE N°						
			Amélioration d						
3	7	1	Travaux aux prix de la série........	181,648 11		11 juill. 1849.	Le S' entrepreneur.		70,000 00
	8	2	Dépense sur la somme à valoir......	23,887 68			Le S' régisseur.		
	9	3					Le S' (Marché à forfait).		
			Raccordement et amélioration aux abords d						
	10	4	Travaux aux prix de la série........	149,618 92		20 avril 1849.	Le S' entrepreneur.		80,820 50
			Dépense sur la somme à valoir......	7,046 41	343,060 66				150,820 50
			ROUTE NATIONALE N°						
			Amélioration de la traverse de ... entre la rue d ... et le chemin d ...						
4	11	5	Indemnités de dommage	1,750 00	1,750 00	9 janv. 1850.	Le S' propriétaire.	2,750 00	1,750 00
			ROUTE NATIONALE N°						
			Amélioration entre ... et						
10	24	6	Travaux aux prix de la série........	250,935 00		4 avril 1848.	Le S' entrepreneur.		85,000 00
	25	7	Dépense sur la somme à valoir......	20,617 96	281,533 05		Le S' régisseur.		85,000 00

Colonnes 11 à 22

DÉPENSES FAITES antérieurement à 18 (11)	DÉPENSES FAITES en 18 (12)	DÉPENSES FAITES total (13)	REVENUE de garantie (14)	RESTE (15)	MANDATS DÉLIVRÉS sur les exercices antérieurs (16)	MANDATS DÉLIVRÉS restant à imputer sur l'exercice 18 par article (17)	MANDATS DÉLIVRÉS restant à imputer par route, pont, port, rivière, etc. (18)	PORTIONS de crédit annulées (19)	SITUATION DE L'ENTREPRISE — Dépenses restant à faire (20)	SITUATION DE L'ENTREPRISE — Excédant de dépense (21)	OBSERVATIONS (22)
fr. c.	fr. c.	fr. c.	fr. c.	fr. c.	fr. c.	fr. c.	fr. c.	fr. c.	fr. c.	fr. c.	Indiquer ici les dommages exceptionnels auxquels les adjudications peuvent avoir été soumises; les cas dans lesquels des régies ont été établies au compte des adjudicataires, et le résultat financier de ces régies, etc.
	58,101 29		5,810 13						103,519 85		
	817 35	70,918 63		65,908 50		65,908 50		91 50			
	72,000 00		1,900 00						12,279 29		
	89,467 22	96,467 22	9,646 72	86,820 50		86,820 50			52,545 30		
							150,729 00				
	1,750 00	1,750 00		1,750 00		1,750 00					
							1,750 00				
109,850 34	50,027 94								11,357 81		
11,495 80	7,367 80	274,502 09	20,869 05	248,000 00	190,000 00	61,758 80					
	6,541 20					6,341 20	85,000 00			4,493 96	

Dressée par l'Ingénieur ordinaire soussigné, et certifiée conforme aux résultats du livre de comptabilité.

A   , le   185 .

MINISTÈRE
des
TRAVAUX PUBLICS.

PONTS ET CHAUSSÉES.

MODÈLE Nº 21. — Art. 36 du Règlement.

DÉPARTEMENT d

SERVICE d

LIVRE DE COMPTABILITÉ

DE L'INGÉNIEUR EN CHEF.

EXERCICE 185 .

CRÉDITS.

Crédits généraux.

A

DATES des actes d'ouverture de crédits ou des décisions ministérielles.	DÉPENSES AUXQUELLES SONT AFFECTÉS LES CRÉDITS.	CHAP. 3. PERSONNEL des ingénieurs.	CHAP. 4. PERSONNEL des conducteurs.	CHAPITRE 11. ROUTES NATIONALES et ponts. 1re catégorie.	2e catégorie.	CHAPITRE. 1re catégorie.	2e catégorie.	CHAPITRE. 1re catégorie.	2e catégorie.	CHAP.	CHAP.						OBSERVATIONS.
31 décembre 1850.....	Budget de l'exercice 1850...........	18,000ᶠ	13,000ᶠ	220,000ᶠ	190,000ᶠ												
	Totaux.................																

Distribution des crédits généraux   par service d'ingénieur.

CHAPITRES.	DATE des avis donnés aux ingénieurs.	CRÉDITS à envoyer par l'ingénieur en chef 1re catégorie.	2e catégorie.	ARRONDISSEMENT 1re catégorie.	2e catégorie.	ARRONDISSEMENT ET 1:127 1re catégorie.	2e catégorie.	ARRONDISSEMENT ET 172 1re catégorie.	2e catégorie.	1re catégorie.	2e catégorie.	1re catégorie.	2e catégorie.	1re catégorie.	2e catégorie.	1re catégorie.	2e catégorie.				TOTAUX par distribution.	et par chapitre.	OBSERVATIONS.
3	2 janvier 1850	·	18,000f	·	·	·	·	·	·	·	·	·	·	·	·	·	·	·	·	·	18,000f	18,000f	
4	2 janvier 1850	·	15,000	·	·	·	·	·	·	·	·	·	·	·	·	·	·	·	·	·	15,000	15,000	
·	2 janvier 1850	10,000f	·	70,000f	80,000f	60,000f	70,000f	50,000f	40,000f	·	·	·	·	·	·	·	·	·	·	·	390,000	390,000	
11	....	·	·	·	·	·	·	·	·	·	·	·	·	·	·	·	·	·	·	·	·	·	
	Totaux																						

Sous-répartition des crédits généraux par article de dépense.

C

NUMÉROS D'ORDRE du numéro total de chaque route, pont, rivière.	NUMÉROS D'ORDRE des numéros particuliers de chaque route, pont, rivière.	NATURE DES DÉPENSES.	SERVICES ordonnateurs auxquels appartiennent les crédits.	NOMS des entrepreneurs.	PAGES des comptes ouverts.	CRÉDITS OUVERTS suivant la première sous-répartition. Par article.	CRÉDITS OUVERTS suivant la première sous-répartition. Par route, pont, rivière, etc.	CRÉDITS OUVERTS suivant la deuxième sous-répartition. Par article.	CRÉDITS OUVERTS suivant la deuxième sous-répartition. Par route, pont, rivière, etc.	Par article.	Par route, pont, rivière, etc.	Par article.	Par route, pont, rivière, etc.	FONDS de concours.	OBSERVATIONS.
						francs.	francs.								
		Ire CATÉGORIE.													
		CHAPITRE XI. ROUTES NATIONALES.													
1	1	Route nationale n° 1. Travaux d'entretien.......	Arrondissement du Nord.	Chaudet, entrepreneur.	30	63,000									
	2	———— Salaire des cantonniers....	*Idem*..............	André, régisseur.......	102	7,000	70,000								
2	3	Route nationale n° 3. Travaux d'entretien.......	Arrondissement de l'Est..	Thomas, entrepreneur..	31	54,000									
	4	———— Salaire des cantonniers....	*Idem*..............	Pierre, régisseur.......	103	6,000	60,000								
3	5	Route nationale n° 7. Travaux d'entretien.......	Arrondissement du Sud.	Noutrie, entrepreneur..	32	54,000									
	6	———— Salaire des cantonniers....	*Idem*..............	Antoine, régisseur......	104	6,000	60,000								
4	7	Dépenses diverses. Salaires des piqueurs, etc......	Ingénieur en chef......	Divers...............	20	10,000	10,000								
							200,000								
		IIe CATÉGORIE.													
		CHAPITRE III. PERSONNEL DES INGÉNIEURS.													
1	1	Appointements et frais fixes des ingénieurs.......	Ingénieur en chef......	Divers...............	10	18,000	18,000								
		CHAPITRE IV. PERSONNEL DES CONDUCTEURS.													
1	1	Appointements des conducteurs................	Ingénieur en chef......	Divers...............	12	15,000	15,000								
		CHAPITRE XI. ROUTES NATIONALES.													
5		Route nationale n° 1 :													
	8	Amélioration entre et .	Arrondissement du Nord.	Chaudet, entrepreneur.	40	80,000	80,000								
6		Route nationale n° 3 :													
	9	Amélioration entre et .	Arrondissement de l'Est..	Thomas, entrepreneur..	42	70,000	70,000								
7		Route nationale n° 7 :													
	10	Amélioration entre et .	Arrondissement du Sud..	Noutrie, entrepreneur...	44	40,000	40,000								
							190,000								

DÉPENSES.

Situation à la fin de chaque mois des dépenses faites par route, pont, rivière, etc.

NUMÉROS de la sous-répartition.	NATURE DES DÉPENSES.	CRÉDITS. 1re sous-répartition.	CRÉDITS. sous-répartition définitive.	JANVIER.	FÉVRIER.	MARS.	AVRIL.	MAI.	JUIN.	JUILLET.	AOÛT.	SEPTEMBRE.	OCTOBRE.	NOVEMBRE.	DÉCEMBRE.	OBSERVATIONS.
	CHAPITRE III.															
1	Appointements et frais fixes des ingénieurs..................	.	18,000f	1,500f	3,000f	4,500f										[Pour ne pas compliquer le modèle, on a supposé qu'il n'était survenu aucune modification dans les crédits primitifs pendant le cours de l'exercice.]
	CHAPITRE IV.															
1	Appointements des conducteurs..............	.	15,000	1,250	2,500	3,750										
	CHAPITRE XI.															
1	Entretien de la route nationale n° 1...............	70,000f	70,000	600	10,000	20,600										
2	Entretien de la route nationale n° 3...............	90,000	90,000	500	6,500	11,500										
3	Entretien de la route nationale n° 7...............	60,000	60,000	500	8,300	12,800										
4	Dépenses diverses...............	10,000	10,000	500	1,000	1,500										
5	Route nationale n° 1. Amélioration entre et	.	80,000	10,000	20,000	30,000										
6	—— n° 3. Amélioration entre et	.	70,000	6,000	13,500	18,000										
7	—— n° 7. Amélioration entre et	.	40,000	6,000	12,000	15,000										
	Totaux...............	300,000	300,000	25,000	70,000	113,000										

Situation à la fin de chaque mois des dépenses et des mandats par chapitre et par service d'ingénieur.

CHAPITRES DU BUDGET et SERVICE DES INGÉNIEURS.	JANVIER.		FÉVRIER.		MARS.		AVRIL.		MAI.		JUIN.		JUILLET.		AOÛT.		SEPTEMBRE.		OCTOBRE.		NOVEMBRE.		DÉCEMBRE.		OBSERVATIONS.
	Dépenses faites.	Mandats délivrés.	Dépenses faites.	Mandats délivrés.	Dépenses faites.	Mandats délivrés.	Dépenses faites.	Mandats délivrés.	Dépenses faites.	Mandats délivrés.	Dépenses faites.	Mandats délivrés.	Dépenses faites.	Mandats délivrés.	Dépenses faites.	Mandats délivrés.	Dépenses faites.	Mandats délivrés.	Dépenses faites.	Mandats délivrés.	Dépenses faites.	Mandats délivrés.	Dépenses faites.	Mandats délivrés.	
Chapitre 3. — Ingénieur en chef	1,500^f	1,500^f	3,000^f	3,000^f	1,000^f	1,500^f																			
Chapitre 4. — Ingénieur en chef	1,250	1,250	2,500	2,500	3,750	3,750																			
Chapitre 11. — Ingénieur en chef	500	500	1,000	1,000	1,500	1,500																			
Arrondissement du Nord	18,000	8,000	30,000	20,000	50,000	40,000																			
—————— de l'Est	8,500	6,000	21,000	25,000	31,500	25,000																			
—————— du Sud	6,000	4,000	18,000	12,000	30,000	25,000																			
Totaux	35,000	19,500	70,000	18,000	115,000	91,500																			

ORDONNANCES DE FONDS.

ORDONNANCES DE DÉLÉGATION AFFECTÉES AU SERVICE GÉNÉRAL.

NUMÉROS des ORDONNANCES.	DATES.	CHAP. 3. PERSONNEL des ingénieurs.	CHAP. 4. des conducteurs.	CHAP. 11.	CHAP.	CHAP.	CHAP.					TOTAUX GÉNÉRAUX.
7, 8, 20......	2 janvier 1850........	6,000ᶠ	12,000ᶠ	60,000ᶠ	.	.	.	.	.	.	.	68,000ᶠ
115..........	10 février 1850.......	.	.	40,000	.	.	.	.	.	.	.	40,000
	Totaux au 28 février 1850.............	6,000	12,000	90,000	.	.	.	.	.	.	.	108,000
310..........	10 mars 1850.........	.	.	60,000	.	.	.	.	.	.	.	60,000
	Totaux au 31 mars 1850.............	6,000	12,000	150,000	.	.	.	.	.	.	.	168,000
Totaux...........												

DISTRIBUTION PAR SERVICE D'INGÉNIEUR DES FONDS ORDONNANCÉS.

CHAP. 3. Ingénieur en chef.	CHAP. 4. Ingénieur en chef.	CHAPITRE 11. Ingénieur en chef.	Arrond' du Nord.	Arrond' de l'Est.	Arrond' du Sud.					CHAPITRE			CHAPITRE			TOTAUX GÉNÉRAUX.
6,000ᶠ	12,000ᶠ	5,000ᶠ	15,000ᶠ	15,000	15,000ᶠ	.	.	.	.	.	.	.	.	.	.	68,000ᶠ
.	.	.	20,000	10,000	10,000	.	.	.	.	.	.	.	.	.	.	40,000
6,000	12,000	5,000	35,000	25,000	25,000	.	.	.	.	.	.	.	.	.	.	108,000
.	.	.	20,000	20,000	20,000	.	.	.	.	.	.	.	.	.	.	60,000
6,000	12,000	5,000	55,000	45,000	45,000	.	.	.	.	.	.	.	.	.	.	168,000

MANDATS DÉLIVRÉS.

Left portion (identification and chapters 3, 4 and 11):

Numéros des comptes ouverts	Dates et numéros des mandats	Parties prenantes	Objet de la dépense	Chap. 3. Personnel des ingénieurs	Chap. 4. Personnel des conducteurs	Chapitre 11. Routes nationales		
						1re catégorie	2e catégorie	Total
102	31 janvier 1850	André, régisseur	Salaire des cantonniers de l'arrond' du Nord	.	.	600	.	
103	Idem	Pierre, idem	Idem de l'Est	.	.	500	.	
104	Idem	Antoine, idem	Idem du Sud	.	.	500	.	
10	Idem	Ingénieurs	Appointements et frais fixes	1,500	.	.	.	
12	Idem	Conducteurs	Appointements	.	1,250	.	.	
20	Idem	Piqueurs	Idem	.	.	500	.	
40	Idem	Chaudet, entrepreneur	Route n° 1. Amélioration entre et	.	.	.	7,400	
42	Idem	Thomas, idem	— n° 3. Amélioration entre et	.	.	.	5,500	
44	Idem	Nourrie, idem	— n° 7. Amélioration entre et	.	.	.	3,500	18,500
			Totaux au 31 janvier 1850	1,500	1,250	2,100	16,400	
102	28 février 1850	André, régisseur	Salaire des cantonniers de l'arrond' du Nord	.	.	600	.	
103	Idem	Pierre, idem	Idem de l'Est	.	.	500	.	
104	Idem	Antoine, idem	Idem du Sud	.	.	500	.	
10	Idem	Ingénieurs	Appointements et frais fixes	1,500	.	.	.	
12	Idem	Conducteurs	Appointements	.	1,250	.	.	
20	Idem	Piqueurs	Idem	.	.	500	.	
40	Idem	Chaudet, entrepreneur	Route n° 1. Amélioration entre et	.	.	.	5,000	
42	Idem	Thomas, idem	— n° 3. Amélioration entre et	.	.	.	3,000	
44	Idem	Nourrie, idem	— n° 7. Amélioration entre et	.	.	.	3,000	
30	Idem	Chaudet, idem	Entretien des routes nation^les de l'arr' du Nord	.	.	6,400	.	
31	Idem	Thomas, idem	Idem de l'Est	.	.	5,550	.	
32	Idem	Nourrie, idem	Idem du Sud	.	.	4,000	.	46,600
			Totaux au 28 février 1850	3,000	2,500	29,000	27,400	
102	31 mars 1850	André, régisseur	Salaire des cantonniers de l'arrond' du Nord	.	.	600	.	
103	Idem	Pierre, idem	Idem de l'Est	.	.	500	.	
104	Idem	Antoine, idem	Idem du Sud	.	.	500	.	
10	Idem	Ingénieurs	Appointements et frais fixes	1,500	.	.	.	
12	Idem	Conducteurs	Appointements	.	1,250	.	.	
20	Idem	Piqueurs	Idem	.	.	500	.	
40	Idem	Chaudet, entrepreneur	Route n° 1. Amélioration entre et	.	.	.	9,400	
42	Idem	Thomas, idem	— n° 3. Amélioration entre et	.	.	.	4,500	
44	Idem	Nourrie, idem	— n° 7. Amélioration entre et	.	.	.	6,500	
30	Idem	Chaudet, idem	Entretien des routes nation^les de l'arr' du Nord	.	.	10,000	.	
31	Idem	Thomas, idem	Idem de l'Est	.	.	5,000	.	
33	Idem	Nourrie, idem	Idem du Sud	.	.	6,000	.	91,500
			Totaux au 31 mars 1850	4,500	3,750	43,700	47,800	

Right portion (further chapters, totalisation and observations — empty except the total rows):

Numéros des comptes ouverts	Chapitre — 1re catégorie	Chapitre — 2e catégorie	Chapitre — Total	Chapitre — 1re catégorie	Chapitre — 2e catégorie	Chapitre — Total	Chap.	Chap.	Chap.	Chap.	Totalisation générale des divers chapitres	Fonds de concours	Observations
Totaux au 31 janvier 1850	.	.	.	.	.	.	.	.	.	.	21,250		
Totaux au 28 février 1850	.	.	.	.	.	.	.	.	.	.	33,500		
Totaux au 31 mars 1850	.	.	.	.	.	.	.	.	.	.	99,750		

ÉTAT RÉCAPITULATIF,

PAR SERVICE D'INGÉNIEUR, DES MANDATS DÉLIVRÉS.

Récapitalation des Mandats délivrés.

SERVICES D'INGÉNIEURS.

CHAPITRES.	Ingénieur en chef													
	Par mandats.	Totaux mensuels.	Par mandats.	Totaux mensuels.	Par mandats.	Totaux mensuels.	Par mandats.	Totaux mensuels.	Par mandats.	Totaux mensuels.	Par mandats.	Totaux mensuels.	Par mandats.	Totaux mensuels.
III.	1,500f													
	Janvier.	1,500f												
	1,500													
	Février.	1,500												
		3,000												
	1,500													
	Mars.	1,500												
		4,500												
IV.	1,250													
	Janvier.	1,250												
	1,250													
	Février.	1,250												
		2,500												
	1,250													
	Mars.	1,250												
		3,750												

SERVICES D'INGÉNIEURS.

CHAPITRES	Ingénieur en chef		Arrondissement du Nord,		Arrondissement de l'Est.		Arrondissement du Sud.							
	Par mandats.	Totaux mensuels.	Par mandats.	Totaux mensuels.	Par mandats.	Totaux mensuels.	Par mandats.	Totaux mensuels.	Par mandats.	Totaux mensuels.	Par mandats.	Totaux mensuels.
XI.	500f		600f		500f		500f					
			7,400		5,500		3,500					
	Janvier.	500f		8,000		6,000f		4,600f				
	800		600		500		500					
			5,000		3,000		3,000					
			6,400		5,500		4,300					
	Février.	500		12,000		9,000		8,000				
		1,800		20,000		15,000		12,000				
	800		600		500		500					
			9,500		4,500		6,000					
			10,000		5,000		6,000					
	Mars.	400		20,000		10,000		13,000				
		1,500		40,000		25,000		25,000				

Modèle n° 22. — Art. 37 du Règlement.

REGISTRE DES COMPTES OUVERTS.

LE SIEUR   , ENTREPRENEUR.

DATES							OBSERVATIONS.
de L'APPROBATION du projet.	de L'ADJUDICATION.	de L'APPROBATION de l'adjudication.	DES RÉCEPTIONS		du DÉCOMPTE définitif.	de L'APPROBATION du décompte.	On indiquera, s'il y a lieu, dans cette colonne, les décisions qui ont modifié le projet en cours d'exécution.
			provisoire.	définitive.			

MONTANT											OBSERVATIONS.
du PROJET approuvé.	DU RABAIS		DE L'ADJUDICATION.			DES CHANGEMENTS autorisés en cours d'exécution.		DES TOTAUX MODIFIÉS.			
	par franc.	TOTAL.	Travaux autorisés.	Sommes à valoir.	TOTAL.	Augmentations.	Diminutions.	Travaux autorisés.	Sommes à valoir.	TOTAL.	Le délai de garantie est de La retenue de garantie est fixée à

Crédits ouverts.

EXERCICES.	NUMÉRO de la sous-répartition.	SUR LES FONDS				TOTAL DES CRÉDITS par exercice.	TOTAL DES CRÉDITS ouverts.	OBSERVATIONS.
		DU TRÉSOR.	du DÉPARTEMENT.					

Mandats délivrés.

NOMS DES PARTIES prenantes.	NUMÉROS.	DATES.	MONTANT DE CHAQUE MANDAT délivré sur les fonds			TOTAL des SOMMES MANDATÉES		OBSERVATIONS.
			du trésor.	du département.		par exercice.	sur tous les exercices.	

(225)

Modèle n° 22 *bis*. — Art. 37 du Règlement.

PERSONNEL.

ANNÉE 1849.   *Personnel des Conducteurs.*   CRÉDIT DE 15,000f.

APPOINTEMENTS.	CERTIFICATS. DATES.	CERTIFICATS. numéros.	NUMÉROS des mandats.	N° CONDUCTEUR embrigadé de 1re classe. Appointements, net 1,080f.	Indemnités, frais de voyage, etc.	N° CONDUCTEUR embrigadé de 1re classe. Appointements, net 1,090f.	Indemnités, frais de voyage, etc.	N° CONDUCTEUR embrigadé de 2e classe. Appointements, net 1,710f.	Indemnités, frais de voyage, etc.	N° CONDUCTEUR embrigadé de 2e classe. Appointements, net 1,710f.	Indemnités, frais de voyage, etc.	N° CONDUCTEUR embrigadé de 3e classe. Appointements, net 1,520f.	Indemnités, frais de voyage, etc.
Année 1849.													
Mois de janvier........	31 janvier....	1	28	156f 33c	.	156f 33c	.	142f 50c	.	142f 50c	.	130f 07c	.
Février..............	28 février....	2	10	156 33	.	156 33	.	142 50	.	142 50	.	126 07	.

APPOINTEMENTS.	N° CONDUCTEUR auxiliaire de 1re classe. Appointements, net 1,400f.	Indemnités, frais de voyage, etc.	N° CONDUCTEUR auxiliaire de 2e classe. Appointements, net 1,000f.	Indemnités, frais de voyage, etc.	N° CONDUCTEUR auxiliaire de 3e classe. Appointements, net 1,000f.	Indemnités, frais de voyage, etc.			MONTANT de chaque certificat.	TOTALISATION successive de chaque certificat.	OBSERVATIONS.
											Un état de valeur fourni sera donné pour chacun des chapitres sur lesquels s'imputent les dépenses de personnel.
Mois de janvier........	116f 07c	.	100f	.	83f 33c	.			3,026f 33c	1,093f 33c	
Février..............	116 07	.	100	.	83 33	.			1,026 33	2,036 66	

MINISTÈRE
des
TRAVAUX PUBLICS.

PONTS ET CHAUSSÉES.

MODÈLE Nº 23. — Art. 38 du Règlement.

DÉPARTEMENT d

SERVICE d

EXERCICE 185 .

Mois d

SITUATION SOMMAIRE

DES CRÉDITS ET DES DÉPENSES.

Situation des crédits et des dépenses à la fin du mois d   185 .

NUMÉROS D'ORDRE des articles du budget.	CHAPITRES ET ARTICLES DU BUDGET.	CRÉDITS ALLOUÉS.		DÉPENSES FAITES jusquau et y compris le mois d		OBSERVATIONS.
		PAR ARTICLE du budget.	PAR CHAPITRE du budget.	TOTALISÉES par article du budget.	TOTALISÉES par chapitre du budget.	

Résumé de la situation à la fin du mois d

CHAPITRES.	CRÉDITS, DÉPENSES, ORDONNANCES ET MANDATS à la fin du mois d					APERÇU DES DÉPENSES			CRÉDITS qui ne pourront pas ÊTRE EMPLOYÉS dans l'année courante.	OBSERVATIONS.
	CRÉDITS alloués.	DÉPENSES faites.	ORDONNANCES délivrées.	MANDATS émis.	DIFFÉRENCES entre les dépenses faites et les mandat-émis.	à faire pendant les deux mois suivants.	FAITES et à faire jusqu'au — Total des col. 2 et 6.	à faire jusqu'à la fin de l'année.		
	1	2	3	4	5	6	6	8	9	
3. Personnel du corps des ponts et chaussées...										NOTA. La colonne n° 8 ne doit être remplie qu'à partir du mois d'août.
4. Personnel des conducteurs..............										
5. Personnel des officiers et maîtres de ports, etc.										
8. Contrôle et surveillance des chemins de fer..										
11. Routes nationales et ponts..............										
12. Navigation intérieure. (Rivières.).........										
13. Navigation intérieure. (Canaux.)..........										
14. Ports maritimes, phares et fanaux........										
15. Dunes et semis; études d'irrigation et de desséchement....................										
17. Établissement de grandes lignes de chemins de fer et frais d'études..............										
23. Frais généraux et secours............										
24. Subvention aux compagnies pour travaux par concession de péage..............										
25. Dépenses des exercices clos............										
26. Dépenses d'exercices périmés non frappées de déchéance....................										
TOTAUX.............										

Vu par le Préfet,

Arrêté par l'Ingénieur en chef.

A   , le   185

MINISTÈRE
des
TRAVAUX PUBLICS.

PONTS ET CHAUSSÉES.

SERVICE

d

MODÈLE N° 24. — ART. 39 du Règlement.

DÉPARTEMENT d

État continuatif présentant la situation des crédits, dépenses, ordonnances et mandats à la fin du mois d

EXERCICE 185

Mois d

CHAPITRES DU BUDGET.	CRÉDITS alloués.	DÉPENSES faites au 31 décembre 18 .	ORDONNANCES DÉLIVRÉES.	DIFFÉRENCES entre les dépenses et les ordonnances.	MANDATS émis.	DIFFÉRENCES entre les dépenses faites et les mandats émis.	PORTIONS de crédits annulées.	OBSERVATIONS.
1	2	3	4	5	6	7	8	9
3. Personnel du corps des ponts et chaussées......								
4. Personnel des conducteurs.....								
5. Personnel des officiers et maîtres de ports, etc....								
8. Contrôle et surveillance des chemins de fer....								
11. Routes nationales et ponts..........								
12. Navigation intérieure. (Rivières.)..........								
13. Navigation intérieure. (Canaux.)..........								
14. Ports maritimes, phares et fanaux..........								
15. Dunes et semis, études d'irrigations et de desséchement...........								
17. Établissement de grandes lignes de chemins de fer et frais d'études...........								
23. Frais généraux et secours..........								
24. Subventions aux compagnies pour travaux par concession de péage...........								
25. Dépenses des exercices clos...........								
26. Dépenses d'exercices périmés non frappées de déchéance...........								
TOTAUX...........								

Vu par le Préfet,

A

Arrêté par l'Ingénieur en chef.

le

185

MINISTÈRE
des
TRAVAUX PUBLICS.

PONTS ET CHAUSSÉES.

DÉPARTEMENT d

ARRONDISSEMENT d

° SECTION DU BUDGET.

Chapitre

° catégorie.

Somme à payer :

Modèle n° 25. — Art. 40 du Règlement.

CERTIFICAT POUR PAYEMENT.

ÉTAT DES SOMMES À PAYER POUR

Mois d

NOMS, GRADES ET CLASSES DES PARTIES PRENANTES.	APPOINTEMENTS DÉDUCTION FAITE de la retenue de 5 p. 0/0 , etc. pour les retraites et pensions.		FRAIS FIXES des INGÉNIEURS.			TOTAL par FONCTIONNAIRE ou agent.	OBSERVATIONS.
	Par an.	Pour le mois.	Par an.	Pour le mois.			
TOTAUX............							

Je soussigné, Ingénieur en chef d   , certifie qu'il peut être payé aux personnes dénommées en l'état qui précède, sur le montant cumulé des ordonnances qui m'ont été sous-déléguées, chapitre   de la   section du budget de l'exercice 185   ; fonds du trésor public,   ° catégorie, la somme totale de

Fait à   le   185   .

Modèle n° 26. — Art. 41 du Règlement.

MANDAT DE PAYEMENT.

EXERCICE 185 .

SECTION DU BUDGET.

CHAPITRE

En vertu des crédits de délégation ouverts par M. le Ministre des travaux publics, montant à   , dont le dernier est en date du   et qui m'ont été sous-délégués, M.   payeur du département d   , payera à la partie prenante, pour les motifs ci-après, SAVOIR :

DÉSIGNATION DE LA PARTIE PRENANTE.	OBJET DU PAYEMENT.	SOMME À PAYER.	INDICATION DES PIÈCES à produire au payeur à l'appui du présent mandat.

MINISTÈRE des TRAVAUX PUBLICS.

PONTS ET CHAUSSÉES.

DÉPARTEMENT
d

N°
DU MANDAT.

Vu bon à payer (par le receveur particulier ou par le percepteur d   ).

Le Payeur du département.

On ne se présentera à la caisse chargée du payement que dans le délai de   jours.

NOTA. Faute par le porteur de se présenter à la caisse du receveur particulier ou du percepteur avant le 21 octobre 185 , ou à celle du payeur avant le 1ᵉʳ novembre suivant, le présent mandat sera annulé, et le montant ne pourra en être réordonnancé qu'après d'assez longs délais, à titre de dépense d'exercice clos.

Le présent mandat, montant à somme de (*indiquer la somme en toutes lettres*), délivré par moi, Ingénieur en chef des ponts et chaussées d

A   , le   185 .

Pour quittance de la somme ci-dessus.

A   , le   185 .

MODÈLE N° 27. — Art. 41 du Règlement.

BULLETIN DE DÉLIVRANCE DE MANDAT.

DÉPENSES DE L'EXERCICE 185 .

SECTION DU BUDGET.

CHAPITRE

Le   185   , il a été expédié, sous le n°   , un
mandat de   au profit d   pour

d'après votre certificat pour payement du

L'Ingénieur en chef,

A Monsieur   Ingénieur ordinaire.

DÉPARTEMENT

d

PONTS ET CHAUSSÉES.

N° D'ORDRE DU BORDEREAU :

FONDS

d

SERVICE

d

MODÈLE N° 28. — Art. 42 du Règlement.

EXERCICE 185 .

JOURNÉE du

Bordereau détaillé des Mandats collectifs ou individuels délivrés dans le cours de la présente journée, par moi soussigné, Ingénieur en chef d , sur la caisse de M. le Payeur du département.

CHAPITRES du budget.	NUMÉROS des mandats.	NOMS ET QUALITÉS des PARTIES PRENANTES.	NATURE DES DÉPENSES.	COMPTABLE qui sera chargé du payement.	SOMMES à PAYER.	TOTAL par CHAPITRE.	NOMBRE DES PIÈCES à l'appui.	DATE des payements.	OBSERVATIONS.
				TOTAL GÉNÉRAL......					

Certifié le présent bordereau, montant à la somme de

A , le 185 .

L'Ingénieur en chef,

MINISTÈRE
des
TRAVAUX PUBLICS.

PONTS ET CHAUSSÉES.

MODÈLE Nº 29. — Art. 43 du Règlement.

DÉPARTEMENT d

Service de M.   , Ingénieur en chef.

EXERCICE 185 .

Mois d

BORDEREAU DÉTAILLÉ

*Des Mandats délivrés par l'Ingénieur en chef du service d
depuis le commencement de l'exercice jusqu'au dernier jour du
mois d*

NOTA. Après avoir totalisé le mois, on rappellera le total des bordereaux précédents, pour avoir le total au dernier jour du mois que l'on considère.

Extrait du journal de l'Ingénieur en chef.

MANDATS.		PARTIES	OBJET	CHAPITRE	CHAPITRE	CHAPITRE	CHAPITRE	CHAPITRE	CHAPITRE	CHAPITRE
NUMÉROS.	DATES.	PRENANTES.	DE LA DÉPENSE.	Personnel des ingénieurs.	Personnel des conducteurs.					

Mois d

MINISTÈRE
des
TRAVAUX PUBLICS.

PONTS ET CHAUSSÉES.

2ᵉ CATÉGORIE.

MODÈLE Nº 30. — Art. 44 du Règlement.

DÉPARTEMENT d

SERVICE d   TRIMESTRE d

État nominatif et détaillé des appointements, frais fixes, frais de voyage, de déplacement et autres, payés depuis le 1ᵉʳ janvier 185   jusqu'à la fin du trimestre d   aux agents soumis à la retenue pour la caisse des retraites.

NOMS DES INGÉNIEURS, conducteurs embrigadés, officiers et maîtres de port.	GRADES.	APPOINTEMENTS, déduction faite de la valeur de 5 p. 0/0.	FRAIS fixes.	FRAIS de voyage.	DÉPENSES éventuelles.	TOTAUX.	OBSERVATIONS.
							Cet état doit accompagner l'état mensuel de mars, de juin, de septembre et décembre.

Le présent État trimestriel dressé par l'Ingénieur en chef soussigné.

A   , le   185 .

MINISTÈRE
DES
TRAVAUX PUBLICS.

PONTS ET CHAUSSÉES.

AGENTS
NON SOUMIS À LA RETENUE.

EXERCICE 185

TRIMESTRE

d

MODÈLE N° 30 *bis*. — Art. 44 du Règlement.

DÉPARTEMENT d

SERVICE d

État nominatif et détaillé des appointements, frais de déplacement et autres payés depuis le 1er janvier 185   jusqu'à la fin du trimestre d aux agents non soumis à la retenue pour la caisse des retraites.

NOMS DES AGENTS.	EMPLOIS.	DATE DE L'AUTORISATION ministérielle de l'emploi.	APPOINTEMENTS.	FRAIS de DÉPLACEMENT et de découchers.	DÉPENSES ÉVEN- TUELLES.	TOTAUX.	OBSERVATIONS. Cet état doit accompagner l'état mensuel de mars, de juin, de septembre et de décembre.

CHAPITRE

CHAPITRE XI.

MINISTÈRE
DES
TRAVAUX PUBLICS.

PONTS ET CHAUSSÉES.

FONDS DU TRÉSOR.

MODÈLE N° 31. — Art. 45 du Règlement.

DÉPARTEMENT d

• SERVICE d

BUREAU DE L'INGÉNIEUR EN CHEF.

Résumé de la situation définitive, au 31 décembre 185   , des dépenses dont l'Ingénieur en chef rend personnellement compte.

NUMÉROS des CHAPITRES du budget.	NATURE DES DÉPENSES.	DÉPENSES FAITES par ARTICLE de la sous-répartition.	par CHAPITRE.	INDICATION DES PIÈCES JUSTIFICATIVES déjà produites et des approbations obtenues.
3	Traitements et frais fixes des ingénieurs........	35,000ᶠ	30,600ᶠ	Décision ministérielle du
	Frais de voyage	1,000		
	Traitements des conducteurs embrigadés........			
4	Traitements des conducteurs auxiliaires........			Décision ministérielle du
	Frais de voyage.			Décision d

MINISTÈRE
des
TRAVAUX PUBLICS.

PONTS ET CHAUSSÉES.

Modèle nº 32. — Art. 46 du Règlement.

Département d

Service d

~ Exercice 185   .

ᵉ catégorie.

SITUATION DÉFINITIVE

DES CRÉDITS ET DES DÉPENSES AU 31 DÉCEMBRE

Crédits généraux accordés pour le service d

DATES des AVIS D'OUVERTURE de crédits.	CHAPITRES DU BUDGET SUR LESQUELS LES CRÉDITS SONT OUVERTS.							OBSERVATIONS.

Situation des Crédits ouverts

NUMÉROS D'ORDRE		NOMS		NATURE DES DÉPENSES.
des articles du budget du ministère des travaux publics.	des articles de la sous-répartition.	DES INGÉNIEURS dans les états desquels la dépense est présentée.	DES ENTREPRENEURS, régisseurs, etc.	

et des Dépenses faites.

CRÉDITS OUVERTS			DÉPENSES IMPUTABLES SUR LES FONDS DE L'EXERCICE			MONTANT des sommes retenues à titre de garantie.	OBSERVATIONS.
par ARTICLE de la sous-répartition.	par ROUTE, PONT, rivière, quai, canal, port, etc.	par ARTICLE du budget.	par ARTICLE de la sous-répartition.	par ROUTE, PONT, rivière, quai, canal, port, etc.	par ARTICLE du budget.		

RÉCAPITULATION.

CHAPITRE

CRÉDITS OUVERTS.	DÉPENSES imputées sur les fonds de l'exercice.	MONTANT des sommes retenues à titre de garantie.	OBSERVATIONS.

TOTAL GÉNÉRAL............

La présente situation définitive des crédits et des dépenses au 31 décembre 185 , pour le service d dressée par l'Ingénieur en chef soussigné.

A la 185 .

Vu par le Préfet :

Le 185

MODÈLE Nº 33. — Art. 47 du Règlement.

DÉPARTEMENT d

SERVICE d

EXERCICE 185 .

ÉTAT FINAL

*Des dépenses, des ordonnances, des mandats, des payements
et des créances restant à payer.*

CHAPITRES DU BUDGET.	MONTANT DES ORDONNANCES par chapitre.	DÉPENSES CONSTATÉES PAR LES SITUATIONS DÉFINITIVES.		TOTAL pour les deux catégories.
		Montant par chapitre,		
		pour la 1re catégorie.	pour la 2e catégorie.	

MANDATS DÉLIVRÉS.	PAYEMENTS EFFECTUÉS.	SOMMES RESTANT À PAYER par chapitre pour solder les dépenses.	OBSERVATIONS.
		(1)	(1) Lorsque, dans les sommes restant à payer, il se trouve des dépenses non mandatées, ces dépenses doivent être détaillées dans le tableau d'autre part, comme les dépenses mandatées et non payées.

NUMÉROS des CHAPITRES.	DÉTAIL, PAR CHAPITRE, DES SOMMES RESTANT À PAYER D'APRÈS LE TABLEAU DE L'AUTRE PART.			
	NOMS DES CRÉANCIERS.	NUMÉROS des articles de la sous-répartition. 2ᵉ colonne de l'État nᵒ 27.	MONTANT pour chaque créancier.	OBSERVATIONS.

Présenté par l'Ingénieur en chef du service d

A , le 185 .

Vu par le Préfet :

A , le 185 .

Le Payeur soussigné certifie que les payements effectués s'élèvent ensemble à la somme de
et sont justifiés, dans ses comptes de gestion, par les quittances des créanciers réels pour les payements directs, et par celle du Receveur général pour les payements par voie de consignation.}

A , le 185 .

Pièce à l'appui du compte
de gestion du payeur pour
l'année 185 .

MINISTÈRE
DES
TRAVAUX PUBLICS.

PONTS ET CHAUSSÉES.

MODÈLE N° 34. — Art. 48 du Règlement.

DÉPARTEMENT d

SERVICE

TABLEAU SOMMAIRE

Des Certificats de proposition de payement expédiés et des mandats délivrés pendant l'année ou gestion de 185 sur les exercices 18 et 185 , pour les entreprises exécutées ou à exécuter en plusieurs années.

NOTA. On doit porter pour ordre, sur ce tableau, les entreprises non liquidées qui n'ont donné lieu, pendant le courant de l'année, à la délivrance d'aucun certificat de proposition de payement, (*Article 161 du règlement du 16 septembre 1843.*)

Ce tableau doit être remis au payeur en double expédition avant le 1er mars.

NUMÉROS des CHAPITRES du budget.	DATES des ADJUDICATIONS, soumissions, marchés, etc.	NATURE DES DÉPENSES.	MONTANT de L'ADJUDICATION, rabais déduit et non compris la somme à valoir, ou du décompte approuvé.	NOMS des PARTIES PRENANTES.	Numéros des certificats.	DÉTAIL (certificat par certificat) DES CERTIFICATS EXPÉDIÉS PENDANT L'ANNÉE 185			
						sur l'exercice 18		sur l'exercice 185	
						Fonds du trésor.	Fonds départementaux, locaux et particuliers.	Fonds du trésor.	Fonds départementaux, locaux et particuliers.

MONTANT, en une seule somme, par entreprise, DES CERTIFICATS EXPÉDIÉS		TOTAL GÉNÉRAL en une seule somme, par entreprise, des certificats expédiés jusques et y compris le 31 décembre 185	INDICATION DE LA DÉPENSE au 31 décembre 185, pour les entreprises, continuées par voie de régie au compte de l'entrepreneur.		INDICATION en une seule somme, par entreprise, DE LA DÉPENSE faite au 31 décembre 185		MENTION DES NUMÉROS et dates des mandats correspondant à chacun des certificats de proposition ci-contre.		MENTION, par le payeur, DES SOMMES non payées à l'époque du 31 décembre 185	OBSERVATIONS.
pendant l'année ou gestion de 185 sur les exercices 18 et 185.	pendant les années ou gestions antérieures à 18.		A-compte à l'entrepreneur.	Avances au régisseur.	pour les entreprises non terminées et pour lesquelles il n'existe pas encore de procès-verbaux de réception.	pour des entreprises terminées ayant donné lieu à des procès-verbaux de réception.	Numéros.	DATES.		(Cette colonne doit indiquer les renseignements demandés par l'article 47 du règlement du 28 septembre 1849.)

Fait et présenté par le soussigné, Ingénieur d   , en ce qui concerne la situation des entreprises et des certificats de proposition de payement.

A   185   .

Vu et arrêté par moi, Préfet du département d
en ce qui concerne la concordance des mandats énoncés d'autre part avec ceux compris aux relevés mensuels qui m'ont été fournis par l'Ingénieur en chef.

A   le   185   .

Le Payeur du département d   , soussigné, certifie que le tableau d'autre part, dont il a pris connaissance, a été complété par lui, sur la colonne réservée à cet effet.

A.   , le   185   .

MODÈLE A. — Art. 49 du Règlement.

DÉPARTEMENT d

SERVICE d

EXERCICE 185 .

° CATÉGORIE.

PROJET DE BUDGET

Des Dépenses de la   ᵉ catégorie du service d

Projet de budget de dépenses de la   ᵉ catégorie du service d

NUMÉROS D'ORDRE		NATURE DES DÉPENSES.	SITUATION GÉNÉRALE DE CHAQUE ENTREPRISE.				CRÉDITS PROPOSÉS par l'ingénieur en chef,	
DU CRÉDIT TOTAL de chaque route, pont, rivière, port, etc.	DES ARTICLES particuliers du crédit de chaque route, pont, rivière, port, etc.		MONTANT de l'adjudication passée ou du projet approuvé.	CRÉDITS OUVERTS sur les fonds de toute nature antérieurement à 18	en 18	CRÉDITS restant à ouvrir.	par article.	par route, pont, rivière, port, etc.

dans le département d . *pour l'exercice 185* .

OBSERVATIONS DE L'INGÉNIEUR EN CHEF.	CRÉDITS PROPOSÉS PAR LE PRÉFET.		AVIS DU PRÉFET.	CRÉDITS ALLOUÉS PAR LE MINISTRE.	
	par article.	par route, pont, rivière, port, etc.		par article.	par route, pont, rivière, port, etc.

Dressé par l'Ingénieur en chef soussigné. *Proposé par le Préfet du département d*

A , le 185 . A , le 185 .

Récapitulation.

NUMÉROS des CHAPITRES du budget.	NATURE DES DÉPENSES.	RAPPEL DES CRÉDITS alloués pour l'exercice 18	CRÉDITS PROPOSÉS POUR L'EXERCICE 185 , par l'ingénieur en chef.	par le préfet.	CRÉDITS ALLOUÉS par le ministre.

Modèle B. — Art. 49 du Règlement.

Département d

Service d

EXERCICE 185 .

 ᵉ Catégorie.

PROJET

De sous-répartition de la somme de
affectée par le budget de 185   aux dépenses de la   ᵉ catégorie
du service d

Projet de sous-répartition de la somme de

aux dépenses de la   ᵉ catégorie du service

NUMÉROS D'ORDRE		NATURE DES DÉPENSES	RAPPEL DES CRÉDITS DE L'EXERCICE 18 .		SOUS-RÉPARTITION DU CRÉDIT TOTAL pour l'exercice 18 .		OBSERVATIONS.
du crédit total de chaque route, pont, rivière, port, etc.	des articles particuliers du crédit de chaque route, pont, rivière, port, etc.		par article.	par route, pont, rivière, port, etc.	par article.	par route, pont, rivière, port, etc.	

affectée par le budget de l'exercice 185
dans le département d

d

NUMÉROS D'ORDRE		NATURE DES DÉPENSES.	RAPPEL DES CRÉDITS DE L'EXERCICE 18		SOUS-RÉPARTITION DU CRÉDIT TOTAL pour l'exercice 18		OBSERVATIONS.
du crédit total de chaque route, pont, rivière, port, etc.	des articles particuliers du crédit de chaque route, pont, rivière, port, etc.		par article.	par route, pont, rivière, port, etc.	par article.	par route, pont, rivière, port, etc.	

RÉCAPITULATION.

	CRÉDITS ALLOUÉS PAR LE MINISTRE	
Chapitre	pour 18 .	pour 18 ..
Totaux.........		

Présenté par l'Ingénieur en chef soussigné :

A   , le   185 .

MINISTÈRE
des
TRAVAUX PUBLICS.

PONTS ET CHAUSSÉES.

MODÈLE N° 35. — Art 59 du Règlement.

DÉPARTEMENT d

Situation au dernier jour du mois d

BORDEREAU, PAR CHAPITRE, DES DÉPENSES, DES ORDONNANCES ET DES MANDATS imputés sur les crédits du budget de 185 .				RÉCAPITULATION.			
CHAPITRES DU BUDGET.	DÉPENSES faites.	ORDON-NANCES délivrées.	MANDATS émis.	OBSERVATIONS et motifs des changements d'imputation ou des reversements, etc.	SERVICE D'INGÉNIEUR EN CHEF.	DÉPENSES.	ORDON-NANCES.	MANDATS.
3. Personnel du corps des ponts et chaussées							
4. Personnel des conducteurs							
5. Personnel des officiers et maîtres de ports, etc. . . .							
6. Personnel du corps des mines , enseignement , écoles							
7. Personnel des gardes-mines							
8. Contrôle et surveillance des chemins de fer							
11. Routes nationales et ponts							
12. Navigation intérieure. (Rivières.)							
13. Navigation intérieure. (Canaux.)							
14. Ports maritimes, phares et fanaux							
15. Dunes et semis , études d'irrigation et de dessé-chement							
17. Établissement de grandes lignes de chemins de fer et frais d'études							
20. Matériel des mines. (Services divers.)							
23. Frais généraux , secours , etc.							
25. Subvention aux compagnies pour travaux à exécuter par voie de concession de péage					Totaux pareils à ceux du bordereau ci-contre			
25. Dépenses des exercices clos							
26. Dépenses des exercices périmés							
TOTAUX							

NOTA. Les chiffres portés sur chaque ligne des 3 colonnes ci-dessus, doivent reproduire les totaux des colonnes 2, 3 et 4 de la situation sommaire n° 23.

Certifié véritable, à le 185 .

Le Préfet du département d